Der Riesenfinger · Jenaer Sagen und andere Überlieferungen

Der Riesenfinger

Jenaer Sagen
und andere Überlieferungen

Herausgegeben von
Michael Köhler
Mit Illustrationen von
Gerlinde Böhnisch-Metzmacher

ISBN 3-910141-00-5

Jenzig-Verlag
Gabriele Köhler · Jena

Lektorat: Dörthe Rieboldt
Gestaltung: Werner Hahn

Printed in the German Democratic Republic
Gesamtherstellung: Karl-Marx-Werk Pößneck

Einladung zu einer Jenaer Sagenwanderung

Wenn von Jena die Rede ist, denkt man zuerst an Zeiss-Geräte und Jenaer Glas, an die Universität, die den Namen Schillers trägt und neuerdings vielleicht wieder an Jenaer Wein. Sagen aber, Jenaer Sagen, kommen einem nicht so schnell in den Sinn. Sie zählen nicht zu den Ausfuhrgütern dieser Stadt; ja, selbst den meisten Jenensern sind sie kaum geläufig.

Und doch gibt es sie, die Sagenüberlieferungen aus dem „närrischen Nest". Seien Sie freundlich zur Wanderung durch eine noch wenig erschlossene Sagenlandschaft eingeladen! Wir sollten uns freilich ohne hochgeschraubte Erwartungen auf den Weg begeben. Die Jenaer Sagen lassen sich kaum mit den Sagenschätzen von Eisenach, Mühlhausen und anderen thüringischen Städten in eine Reihe stellen. Das mag damit zusammenhängen, daß der Charakter dieser Stadt seit dem 16. Jahrhundert maßgeblich durch die Universität geprägt wurde. In Jena, wo selbst die Pferdeknechte ihre Rede – wie berichtet wird – mit akademischen Brocken zu würzen pflegten, wird man die mit dem Ruf des Abergläubischen behafteten Sagenüberlieferungen möglicherweise rascher als andernorts in die Rumpelkammer geworfen haben.

So dürfte es kein Zufall sein, daß Jenaer Beiträge in die großen deutschen Sagensammlungen der Grimms und anderer keinen Eingang gefunden haben und auch der populärste Sagen- und Märchensammler Thüringens, Ludwig Bechstein, an Jena vorübergegangen ist. Wir sollten trotzdem unbefangen annehmen, was an Jenaer Sagen auf uns überkommen ist. Besteht nicht der Reiz der Sagen vor allem in ihrem unverwechselbaren lokalen Kolorit? So gesehen, bieten die Jenaer Sagen und Überlieferungen fraglos eine unterhaltsame Lektüre.

Jahrhunderte ziehen vorüber, und streiflichtartig werden Ereignisse, Glaubensvorstellungen und Gestalten, Bauwerke und landschaftliche Besonderheiten, die den einstigen Bewohnern Jenas „sagens"-wert waren, erhellt. Von den Burgen der Umgebung wird erzählt, von der Saale und ihren Nixen, aber auch von Gelehrten und Studenten ist die Rede. Selbst der Ton der Geschichten – ob biederernsthaft oder schauderlich, ob mahnend oder augenzwinkernd-heiter – läßt mancherlei Rückschlüsse auf die Wesensart des „Jenschen Völkchens“ zu.

Freuen wir uns an den erstmals weitgehend geschlossen herausgegebenen Jenaer Sagen als einem Teil der reichen Jenaer Kulturlandschaft.

Und: Erzählen wir sie weiter!

Rainer Hohberg

Vorwort

Neben den Märchen dürfen die Sagen wohl als die volkstümlichste Form der epischen Literatur gelten. Anders als bei den Märchen fließt in ihnen das Wunderbare und Phantastische mit wirklichen Geschehnissen und konkreten Orten zusammen. So spiegeln Sagen in besonderer Weise Alltagstraditionen in einer bestimmten Landschaft wider und geben Zeugnis von der engen Bindung der Menschen früherer Zeiten an ihre Heimat. Anders als in der zeitgenössischen Geschichtsschreibung fließen in ihnen die besonderen Erlebnisse, Glauben und Aberglauben, Ängste, Freuden und Sehnsüchte der einfachen Leute zusammen. Neben den lokalen historischen Traditionen treten in den Sagen auch Überlieferungen zutage, die von Landschaft zu Landschaft weitergetragen und oft an neue Orte gebunden wurden. Inhaltlich verwandte Sagen sind dadurch an ganz verschiedenen Orten anzutreffen. Als typisch dafür können z. B. Bonifatiussagen oder die Weinkellersagen, die sich an Burgruinen knüpfen, gelten.

In der alten Universitäts- und Industriestadt Jena ist eine ganze Reihe von Sagen durch die Jahrhunderte weitergegeben worden. Die in dieser Sammlung vereinten Sagen und anderen Überlieferungen stammen ausschließlich aus dem Stadtkreis Jena und den nahe zur Stadt gelegenen Teilen des Landkreises. Dadurch wird ein Gebiet einbezogen, das im Umkreis von sieben Kilometern um das Stadtzentrum liegt, so daß alle Dörfer um das mittelalterliche Jena erfaßt werden, gleich, ob sie inner- oder außerhalb der modernen Stadtgrenzen liegen. Die Camburger, Dornburger, Kahlaer und Orlamünder Sagen fanden hier keine Aufnahme.

Die Beiträge wurden fast ausschließlich aus gedruckten Quellen zusammengetragen. Ausnahmen bilden die Sage „Der Ziegenhirt und der Teufel“ und die Begebenheit „Der nackte Dieb auf dem Schornstein“, die wahrscheinlich zum ersten Mal zur Veröffentlichung gelangen. Beim Zusammenstellen der Sammlung wurde angestrebt, die bis jetzt ermittelten Jenaer Sagen weitgehend vollständig aufzunehmen. So fanden auch solche Texte Eingang, die nur in sehr knapper Form oder offensichtlich fragmentarisch erhalten geblieben sind. Zur schnellen Orientierung wurden alle Sagen im Inhaltsverzeichnis mit einem Stern (*) gekennzeichnet.

Bemerkenswert ist die Tatsache, daß von einigen markanten Örtlichkeiten Jenas keine Sagen nachgewiesen werden konnten. So fehlen z. B. Sagen von der Lutherkanzel im Mühltal, von der Diebeskrippe im Pennickental und vom Alten Gleisberg bei Jenalöbnitz.

Ergänzt werden die Sagen durch eine kleine Auswahl von historischen, für Jena typischen oder originellen Überlieferungen. Auf die Aufnahme von landläufig Bekanntem, wie z. B. den Sieben Wundern Jenas, wurde verzichtet.

Die Texte wurden den unterschiedlichsten Quellen entnommen und waren in Umfang, Erzählweise und Sprachstil sehr verschieden. Aus diesem Grunde mußten sie leicht bearbeitet werden. Dies geschah in enger Anlehnung an die ursprüngliche Fassung. Kürzungen wurden nur bei sehr langen Sagen und in unwesentlichen Details vorgenommen. Wo Erläuterungen zum Inhalt oder zu den betreffenden Orten notwendig schienen, wurden sie als gesonderter Text beigefügt.

An die Herausgabe dieser Sammlung knüpft sich die Hoffnung, den Bewohnern und Besuchern Jenas gleichermaßen die Sagenwelt der Stadt und ihre lokalhistorischen Bezüge nahezubringen und ein charakteristisches Bild mündlicher Überlieferungen aus dem Raum Jenas entstehen zu lassen.

Michael Köhler

Für ihre Unterstützung bei der Zusammenstellung des Büchleins, Hinweise auf Sagen und hilfreiche Diskussionen danken wir Frau Dr. Gudrun Braune, Frau Ursula Dittrich, Frau Gudrun Fischer, Herrn Steffen Gaida, Herrn Rainer Hohberg, Frau Dr. Gertrud Iwanow, Herrn Klaus Kasch, Herrn Werner Kreidner, Herrn Alfred Lammert, Frau Barbara Mendra, Herrn Adolf Neubert, Herrn Dr. Michael Platen, Herrn Dr. Heinz Rosenkranz und Frau Brunhilde Schlegel.

Der Riesenfinger

Vor langer, langer Zeit lebten noch Riesen im Thüringer Land. In der Gegend von Jena hauste eine Riesenmutter mit ihrem Sohn, der sehr mißraten war. Die Mahlzeiten nahm er nicht zu Hause ein, sondern draußen auf den Bergen. Am Landgrafenberge ließ er seinen Löffel fallen. Deshalb wird die Gegend dort „der Löffel“ oder „am Löffel“ genannt.

Der junge Riese war den Menschen gegenüber hart und grausam. In seiner überheblichen Art nannte er sie „Zwergenvolk“. Selbst gegen seine eigene Mutter benahm er sich gottlos und böse. Des öfteren schalt er sie mit schandbaren Worten. Ihre gut gemeinten Ermahnungen nützten nichts, und er trieb sein Unwesen ärger als zuvor.

Eines Tages ermahnte ihn seine Mutter wieder und bat ihn inständig, sein Verhalten zu ändern. Allein der Riese wurde durch diese Worte immer zorniger. Schließlich vergaß er sich so, daß er seine Fäuste gegen die eigene Mutter erhob und auf sie einschlug.

Bei dieser Greueltat verfinsterte sich plötzlich der Himmel. Der Tag wurde zur Nacht. Schreckliche Donner rollten, Blitze zuckten, und gewaltige Unwetter zogen sich über dem Haupte des grausamen Riesen zusammen. Im tobenden Sturm erhoben sich die Berge. Der Riese stürzte, und die Felsen begruben ihn unter sich. Nur der kleine

Finger des Riesen blieb unbedeckt und ragte an der höchsten Stelle aus dem Felsen heraus.

Dieser Finger steht noch heute als Zeichen der Strafe über den wüsten Riesen auf dem Hausberg bei Jena. Es ist der schmale Turm, den alle als „Fuchsturm" kennen.[1]

Die Hunnenschlacht

Nordöstlich der Stadt, dicht über der Mündung des Gembdenbaches in die Saale, ragt der markanteste Gipfel der Jenaer Umgebung, der Jenzig, auf. Dort oben sollen einst die Thüringer eine schreckliche Schlacht gegen die Hunnen geschlagen haben. Lange tobte der Kampf. Endlich siegten die Hunnen. Doch die Freude der Sieger war schwer getrübt. Unter den vielen Toten, die der Kampf gekostet hatte, war ihr eigener König. Voller Trauer beschlossen die Hunnen, ihn oben auf dem Schlachtfeld zu begraben. Dort, wo der Hunnenkönig seine letzte Ruhestätte gefunden hat, wird heute der Berg „Hunds-" oder auch „Hunnenkoppe" genannt.[2]

Die Sage könnte an Funde urgeschichtlicher Gegenstände anknüpfen, die mit der Überlieferung von den Hunnen in Verbindung gebracht wurden. Der Jenzig war nachweislich in der Jungsteinzeit, der späten Bronze- und in der vorrömischen Eisenzeit besiedelt.[3]

Der Einfluß der Hunnen in Thüringen ist historisch belegt und archäologisch nachweisbar.[4] *Eine Schlacht auf dem Jenzig unter Beteiligung der Hunnen erscheint jedoch wenig wahrscheinlich.*

Schon A. Beier (1673) erwähnt „Hunnen- oder Hundskoppe" nebeneinander, bezieht die Bezeichnung „Hunnen" jedoch auf die Ungarn, die zur Zeit Heinrichs I. auf dem Jenzig Schildwachen aufgestellt hätten.[5] *Ungarische Überfälle gab es im ersten Drittel des zehnten Jahrhunderts im damaligen ostfränkischen Gebiet häufig.*[6]

Bonifatius in Ziegenhain

In der Kirche zu Ziegenhain soll lange Zeit eine uralte Fahne aufbewahrt worden sein. Sie trug auf der einen Seite das Bild Christi am Kreuze und auf der anderen Seite das Bild des Heiligen Bonifatius.

An diese Fahne knüpft sich die Sage, daß Bonifatius auf seiner Mission in Thüringen auch in die Gegend von Jena gekommen sei. Auf dem anderen Ufer der Saale habe er in einem Hain einen heidnischen Opferplatz für die Göttin Berchta gefunden, wo vor allem Frauen diesem Kult dienten.

Bonifatius predigte auch dort das Christentum und errichtete an der Stelle der heidnischen Kultstätte ein Gnadenbild der heiligen Mutter Gottes. Um diese Stätte zu schützen, ließ Bonifatius auf dem Berg über der Kirche eine Burg, ein festes Haus, erbauen. Davon erhielt die so begründete Burg Kirchberg auf dem Hausberg ihren Namen.[7]

Der angelsächsische Benediktiner Bonifatius kam zum ersten Mal 721 nach Thüringen, wo er missionierte und in den folgenden zwei Jahrzehnten Bistümer in Süddeutschland und Hessen sowie das Bistum Erfurt begründete. Bonifatius wurde 754 in Friesland ermordet. Zu Recht weist ihm die Sage eine bedeutende Rolle bei der Missionierung auch im Jenaer Raum zu; ein Aufenthalt in Jena oder Ziegenhain ist jedoch nicht belegt.[8]

Wie der Fuchsturm zu seinem Namen kam

Vor mehr als 800 Jahren lebten in Meißen zwei markgräfliche Brüder. Da der ältere, Friedrich, lange Zeit unverheiratet blieb, rechneten sich die Söhne des jüngeren, Conrad, Ansprüche auf die Erbschaft aus. Allein diese Rechnung ging nicht auf. Denn endlich heiratete Friedrich. Als Friedrich kurze Zeit später unter merkwürdigen Umständen starb, konnte der Verdacht, ihn vergiftet zu haben, nur auf Bruder und Neffen fallen, die überdies sofort ihre Erbansprüche erhoben.

Als Friedrichs Witwe Gertrud von diesen Ansprüchen erfuhr, lud sie alle ihre Getreuen zu sich aufs Schloß und tat ihnen kund, daß sie sich in freudiger Erwartung eines Nachkommen Friedrichs befände. Als die Ritter und Edelleute dies hörten, gelobten sie ihr und ihrem Kinde Treue und versprachen, sie gegen jeden Feind mit Gut und Blut zu schützen.

Gertrud gebar einen gesunden Sohn, den sie nach seinem Vater Friedrich nannte. Doch dessen Vettern, die Söhne Conrads, wollten ihre ungerechten Hoffnungen nicht preisgeben und streuten das Gerücht aus, der junge Friedrich sei in Wirklichkeit von der Frau des Kochs geboren worden, während Gertrud ein Mädchen zur Welt gebracht hätte. Zur Bekräftigung dieser Behauptung mußten ungetreue Diener Gertrud plagen: bald stand vor Gertruds Schlafgemach eine Ofengabel, bald eine häßliche Puppe aus Stroh, bald ein großer Besen an der Tür, die allesamt an den unstandesgemäßen Wechselbalg erinnern sollten. Doch Friedrich wuchs unter der ängstlichen Fürsorge seiner Mutter zu einem schönen, ritterlichen Jüngling heran.

Währenddessen starb der alte Conrad. Auf einer Pilgerreise glaubte er, Erlösung von seinen Sünden finden zu können. Auf der Rückreise ereilte ihn sein Schicksal.

Doch immer noch regten sich in den Herzen von Conrads Söhnen Neid und Gier auf das erhoffte Erbe. So begab es sich, daß Conrad, ein Sohn des alten Conrads, bei einer Versammlung von Rittern den jungen Friedrich höhnisch „Wechselbalg" nannte. Voller Empörung riß Friedrich seinen Handschuh von den Fingern und warf ihn dem Beleidiger vor die Füße, um ihn zum Zweikampf herauszufordern.

Doch die Rechnung Conrads sollte nicht aufgehen. Der von berechtigtem Zorn getriebene Friedrich hob schon beim ersten Zusammenstoß Conrad mit der Lanze aus dem Sattel, so daß dieser rücklings vom Pferd stürzte.

Alsdann ließ Friedrich Conrad die Arme binden und auf den Hausberg bei Jena in die Gefangenschaft führen. Zur Strafe für die ihm angetane Schmach ließ er Conrad in einen eisernen Käfig stecken und zum Bergfried der Burg Kirchberg heraushängen. Fliegen und Ungeziefer sollten Conrad genauso plagen wie die neugierigen Blicke der Bewohner.

Weil er nach dem ihm nicht zustehenden Lande gegiert und intrigiert hatte, nannte man Conrad den „Fuchs“. Der Turm wurde, seit er den „Fuchs“ im Käfig trug, „Fuchsturm“ genannt.[9]

Die Hausbergburgen – Greifberg, Windberg und Kirchberg – haben eine ganz besondere Rolle in der älteren Geschichte Thüringens gespielt. Kirchberg war im 10. Jahrhundert als Reichsburg von überregionaler Bedeutung, wie durch die mehrfache Anwesenheit sächsischer Kaiser betont wird. Die Kirchberger Burggrafen gehörten in der Mitte des 12. Jahrhunderts zu den ersten Adelsgeschlechtern Thüringens. Ihre Macht sank mit dem Niedergang der deutschen Zentralgewalt im 13. Jahrhundert. Anfang des 14. Jahrhunderts brachen die Kirchberger den Landfrieden, worauf das Heer des Thüringer Drei-Städte-Bundes mit Erfurt an der Spitze 1304 den Hausberg eroberte. Die Hausbergburgen wurden schließlich aufgegeben und verfielen schon im 15. Jahrhundert.

Jetzt kündet neben den Einschnitten der Burggräben und spärlichen Ruinen nur noch der Fuchsturm – der Bergfried der Burg Kirchberg – von den verschwundenen Bauwerken.[10]

1958 erhielt der Fuchsturm seine heutige Form als Aussichtsturm. Der Name „Fuchsturm" wurde erst im 16./17. Jahrhundert für den Bergfried der Burg Kirchberg belegt.[11] *Sollte er auf die Jenaer Studenten zurückgehen, so wäre er sicherlich im Zusammenhang mit der Bezeichnung „Füchse" für die Angehörigen der jüngeren Semester zu sehen.*[12]

Die Todesglocke der Kirchberger

Am Oberlauf der Saale geht die Sage, daß dort einst ein Volk von Zwergen lebte. Größtenteils standen diese Wesen dem Landmann hilfreich zur Seite. Doch als das Christentum nach Thüringen kam und mit ihm die Glocken Einzug hielten, da konnten die Zwerge den Klang der Glocken nicht ertragen und wanderten in die Fremde.

Die christlichen Glocken sollen sich jedoch jenen Menschen als dankbar erwiesen haben, die das Christentum weitertrugen und ihm zum Siege verhalfen. Auch die Kirchberger zogen gegen das Heidentum zu Felde. Nach ihrem Sieg erbauten sie auf dem rechten Ufer der Saale eine Burg und in dieser Burg eine erste Kirche. Zu Ehren des streitbaren Georg stifteten sie bei Bürgel eine Kapelle mit einer Glocke. Diese Glocke nun zeigte ihre Verbundenheit mit den Kirchbergern auf folgende Weise: jedesmal, wenn einer aus dem Geschlecht der Kirchberger starb, bewegte sie sich aus eigenem Antrieb und geleitete so das Glied des Kirchberger Stammes in die Ewigkeit hinüber.[13]

Der Esel des Burggrafen

Schon viele Jahrhunderte sind vergangen, seit der Burggraf Otto von Kirchberg auf dem Schlosse Windberg residierte. Otto galt als gerecht und großmütig, tapfer und freigiebig. Besonders wurde er als Beschützer von Kirchen, Klöstern und Schulen gerühmt. Sein Lebenswandel soll tadellos gewesen sein, so daß er als Freund der Geistlichkeit und des Volkes bezeichnet wurde. Und doch geschah diesem Manne ein Mirakel, das sich der Deutung seiner Mitmenschen entzog.

Eines Tages beschloß Otto, dem Prior Gerhard des Klosters St. Johannis bei Eisenach einen Kelch und Meßbekleidung zu schenken. Auf seinem Wege begleitete Otto ein Esel, den er mit sich führte, um an Jesus Christus zu erinnern, der ebenfalls auf einem Esel geritten war. Plötzlich aber verwandelte sich der Esel des Burggrafen in einen schrecklichen Wolf, der Tiere wie Menschen angriff. Und so erfreut der Prior über die Geschenke des religiösen Herrn Otto war, so entsetzte und bestürzte diesen die seltsame Verwandlung des friedlichen Tieres.[14]

Der Färberwaid am Hausberg

Vor langer Zeit lag der Burggraf Otto von Kirchberg in Fehde mit der mächtigen Stadt Erfurt. Seine Parteinahme für Feinde der durch den Handel mit dem Färberwaid reich gewordenen Stadt Erfurt ließ seine Burgen zu einem Angriffsziel der Erfurter werden. Die Erfurter verschafften sich durch rechtliche Vorwände Bundesgenossen in den Städten Mühlhausen und Nordhausen und zogen mit ihrem Heer heimlich nach Jena. Ihr Angriff fand den arglosen Burggrafen unvorbereitet. Kirchberg und Greifberg wurden genommen.

Nach harter Belagerung mußte Otto von Kirchberg auch auf seiner letzten Burg Windberg vor der feindlichen Übermacht kapitulieren. Nur mit Mühe erlangte er einen freien Abzug.

Die Erfurter jubelten über ihren militärischen Erfolg. Zum Zeichen ihres Triumphes und zum ewigen Denkmal ihrer Macht streuten sie überall am Hausberg den Samen des Färberwaids aus, dem pflanzlichen Symbol ihrer städtischen Stärke. So kommt es, daß noch heute am Hausberg der Waid mit seiner gelben Blütenpracht zu finden sein soll.[15]

Die Rettung
Wilhelm von Allenblums

In der Wallfahrtskirche von Ziegenhain ist noch sehr lange ein Strick gezeigt worden, welcher einem Todgeweihten bestimmt war, der durch die Anrufung des dortigen Marienbildnisses seinem sicheren Untergang entkommen sein soll:

Gegen Ende des sächsischen Bruderkrieges hatte sich Apel von Vitzthum erdreistet, eine burgundische Gesandtschaft an den Kurfürsten von Sachsen zu überfallen und auf die Leuchtenburg und die Burg Kapellendorf zu verschleppen. Herzog Wilhelm von Weimar blieb nichts weiter übrig, als mit Unterstützung Erfurter Bürger das Wasserschloß Kapellendorf zu belagern.

Die Belagerer setzten der räuberischen Burgbesatzung hart zu und drohten nach einiger Zeit, das Tor durch Wurfgeschosse zu sprengen. Da verfielen die Belagerten auf eine List: Sie ließen einen jungen Mann aus der burgundischen Gesandtschaft namens Wilhelm von Allenblum, einen Sohn des Kurmainzischen Kanzlers, als Geisel auf die Brücke vor das Tor führen und legten ihm einen Strick um den Hals, den Knechte hoch oben über dem Tor festhielten. Auf solche Weise hofften sie, die Erfurter, denen Allenblum besonders wertvoll sein mußte, von weiteren Angriffen auf das Tor abzuhalten.

Dem jungen Allenblum muß seine bedenkliche Lage inmitten des Brennpunktes der Belagerung sehr schnell bewußt geworden sein. In seiner verzweifelten Situation erinnerte er sich der wundertätigen Kräfte des Ziegenhainer Marienbildes. Er tat ein Gelübde „zu der Trösterin der heiligen Jungfrau zu Ziegenhain“ und bat um seine Errettung. Dann entriß er in kühnem Entschluß seinen Henkern den um seinen Hals gewundenen Strick und stürzte sich todesmutig in das schlammige Wasser des tief unter ihm liegenden Burggrabens.

Die bestürzten Verteidiger der Burg begannen in ihrer Wut, auf den armen Flüchtigen zu feuern, der sich seinerseits mit großer Anstrengung durch den Schlamm arbeitete, um die andere Seite des Burggrabens zu gewinnen. Trotz der Schüsse seiner Geiselnehmer gelangte Allenblum unbeschadet auf die Seite der Belagerer, die ihn jubelnd empfingen.

Die Belagerung Kapellendorfs wurde siegreich zu Ende geführt. Apel von Vitzthum mußte flüchten, und das Schloß kam in Erfurter Hand. Wilhelm von Allenblum hängte zur Erinnerung an seine glückliche Rettung den Strick, der ihn dem Tode schon so nahe gebracht hatte, in der Kirche zu Ziegenhain auf.[16]

Der Rittersprung

Gegen Ende des Mittelalters wurden die Städte in Thüringen immer mächtiger. Besonders die auf das Niveau adliger Wegelagerer sinkenden Ritter mußten ihre Angriffe auf städtische Handelsleute und andere Eingriffe in die Rechte der Städte in wachsender Furcht vor den wehrhaften Städten führen.

So geriet einmal der Ritter Apollonius von Gellingen – ein erklärter Feind der Städte – bei einer Auseinandersetzung ins Hintertreffen und konnte nur noch versuchen, sich durch die Flucht zu retten. Auf der Straße zwischen Jena und Kahla wurde er von den Erfurtern ver-

folgt. Trotz allen Anspornens konnte sein Pferd den Abstand zu den Verfolgern nicht halten. Als der Ritter bei Rothenstein die enge Stelle erreicht hatte, an der die Straße am steilen Berg über der Saale entlangführt, spürte er die Erfurter knapp auf den Fersen. Ein Entrinnen schien unmöglich.

Dem Ritter war der Gedanke, in die Gefangenschaft der verhaßten Städter zu gelangen, unerträglich. So riß er im Mut der Verzweiflung sein Roß herum und trieb es mit einem gewaltigen Sprung in die Saale. Wunderbarerweise landeten Pferd und Reiter unversehrt im Fluß. Unter Aufbietung aller Kräfte gewannen sie das gegenüberliegende Ufer.

Von den schnaubenden Verfolgern jedoch wagte keiner, den gefährlichen Sprung nachzuahmen. So blieben sie hilflos stehen, während Apollonius seine Freiheit gewann.[17]

Das Wunderfräulein der Berge

Über die bewaldeten Höhen beiderseits von Saale und Ilm, vom Rand des Thüringer Beckens bis zu den steilen Hängen des Thüringer Waldes zieht Truthine, das Wunderfräulein der Berge. Sie soll von unwiderstehlicher Lieblichkeit sein. Wer von ihr erwählt wird, genießt durch ihre Zuneigung unbeschreibliches Glück. Es wird erzählt, daß sie auch öfters die Wälder der Wöllmisse durchstreift. Sie reitet dabei auf einem silbernen Hirsch mit goldenem Geweih. Besonders der Fürstenbrunnen, tief im Pennickental, soll ihr ein lieber Aufenthaltsort gewesen sein. Viele junge Männer kamen zum Fürstenbrunnen, um im klaren Wasser der Quelle Truthines Bild zu sehen.

Einmal liebte Truthine einen Knaben von der Tautenburg. Sie wartete voller Freude und Erwartung auf sein Heranwachsen. Doch wie so oft in Truthines langem Leben, war auch dieser frühen Liebe Tragik beschieden. Bevor der Tautenburger Knabe zum Jüngling heranwachsen konnte, mußte er sterben. Voller Trauer kehrte Truthine in ihr Winterquartier zurück, das sie in der wilden Buchfarter Felsenburg über dem schroffen Ufer der Ilm genommen hatte. Im nächsten Frühjahr zog sie wieder durch die Wälder. Kein Jüngling, der sie – einmal gesehen – wieder vergessen konnte. Aber es mußten viele Jahre vergehen, ehe sich einer fand, der Truthine über den schmerzlichen Tod des geliebten Tautenburger Knaben hinwegtrösten konnte.[18]

Junker Hartmann

Junker Hartmann von der Lobdeburg gehörte auch zu den jungen Männern, deren Lebensweg Truthine kreuzte. Als er eines Tages von der Lobdeburg nach Berka hinüberritt, kam Truthine auf einem weißen Hirsch daher – in strahlender Schönheit und mit einem goldenen Stab in der Hand. Wie versteinert war Hartmann von des Waldfräuleins blendender Schönheit. Seit dieser Begegnung konnte er keine Ruhe mehr finden. Truthine hatte ihn in ihren Bann gezogen, und immer wieder trieb ihn die Sehnsucht weg von der Lobdeburg zum Felsenschloß Truthines an der Ilm.

Als Hartmann an einem rotgoldenen Herbsttag wieder zu Truthine eilte, wollte ein Hirt ihn am Fuße des Berges zurückhalten und warnte ihn mit eindringlichen Worten. Doch angesichts des Jünglings unstillbarer Sehnsucht war auch der verzweifelte Appell des Hirten vergeblich. Als dieser den Junker in der Burg verschwinden sah, wußte er, daß er nicht wieder herauskommen würde, wie es schon so manchem Jüngling geschehen war.

Voller Betrübnis brachte der Hirt Junker Hartmanns Pferd zur Lobdeburg, wo er Hartmanns Mutter, der Burgherrin Bertradeis, über Hartmanns trauriges Schicksal berichtete. Bertradeis wünschte sich heiß, noch einmal das Gesicht ihres Sohnes zu sehen und gelobte betend, zu Ehren ihres Schutzpatrons eine Kapelle zu erbauen, wenn sich dieser Mutterwunsch erfüllen würde.

In der ersten Vollmondnacht nach Hartmanns Verschwinden meldete um Mitternacht der Wächter vom Turme der Lobdeburg, daß sich ein schauriger Trauerzug – umflattert von einer Eule und begleitet von anderen seltsamen Gestalten – der Burg näherte. Voran schritt ein Greis mit Wanderstab, der nur der getreue Eckart sein konnte. Dann wurde der Sarg am Burgtor abgestellt.

Der Sarg war offen und der silberne Mond leuchtete auf Junker Hartmanns Gesicht.

Die alte Burgfrau stürzte eilends hinaus, erkannte ihr geliebtes Kind und küßte sein Antlitz inbrünstig.

Junker Hartmann wurde in der Gruft seiner Väter beigesetzt. Daneben ließ die Burgherrin getreu ihres Gelöbnisses eine Kapelle bauen, in der von nun an für das Seelenheil des armen Hartmann gebetet wurde.[19]

Das Waldfräulein auf der Wöllmisse

Die Sage berichtet, daß vorzeiten auf der Wöllmisse ein Waldfräulein lebte. An ganz bestimmten Tagen ritt dieses Waldfräulein auf einem weißen Hirsch durch sein Revier. Nur wenige bekamen es dabei zu Gesicht. Kein Jäger wagte es, der Reiterin auf ihrem stolzen Tier zu folgen, bis eines Tages doch ein Jäger seiner Neugier nachgab. Mit Pfeil und Bogen setzte er dem weißen Hirsch nach. Als er das Waldfräulein erblickte, zögerte er nicht und schoß einen Pfeil ab. Dieser verfehlte sein Ziel, doch soll seither kein Jäger auf der Wöllmisse mehr ein Stück Wild erlegt haben.[20]

Trotz mittelalterlich-christlicher Prägung etwa in Gestalt ihres adligen Geliebten tritt uns mit dem Waldfräulein ein Waldgeist vermutlich vorchristlicher Herkunft entgegen: „Drude" bezeichnet eigentlich ein gespenstisches Wesen, das Alpdrücken hervorruft; sprachlich ganz nahe steht das mittelhochdeutsche Wort „trût" (traut).[21] Die sagenhaften „Verwandten" Truthines sind weniger bei den koboldartigen Waldweiblein, hilfreichen Zwergen[22] oder gar mörderischen Geistern – dem Bilsenschnitt, der Wurlawy oder der Mittagsfrau –[23] zu suchen. Eher schon lassen sich Parallelen zu den souveränen Feen der Märchen ziehen. Truthine gehört zu den lokalen Gestalten, die in das Geschick von Menschen eingreifen durch Rettung und Hilfe[24], durch Geschenke[25], aber auch durch Strafen.[26]

Der Drache in den Teufelslöchern

An der Wöllnitzer Straße in Jena öffnet sich unter steilem, bizarr geschichtetem Felsen das Gebirge zur Unterwelt. Dort in den Teufelslöchern soll einst ein siebenköpfiger Drache seine Behausung gehabt haben. Dieser Drache versetzte die Bewohner Jenas in Angst und Schrecken. Er verlangte von ihnen, ihm jedes Jahr eine Jungfrau zu opfern. Lange Zeit unterwarfen sich die machtlosen Jenaer diesem grausamen Wunsch. Endlich jedoch taten sich Jenaer Studenten zusammen, um dem schrecklichen Unwesen ein Ende zu bereiten. Sie kämpften mit dem Drachen und erlegten ihn. Im Triumph führten sie seinen besiegten Leib nach Jena. Zur Erinnerung an diese Tat wurde der Drache dem Städtischen Museum geschenkt.[27]

Der verwünschte Vogelsteller in den Teufelslöchern

In vergangener Zeit gab es keinen Zweifel daran, daß die unheimlichen Teufelslöcher dem Reich des Bösen zuzurechnen waren. Nach Möglichkeit vermied man, allzudicht an den Höhlen vorbeizukommen. Und wenn sich der Weg an den Teufelslöchern vorbei nicht umgehen ließ, so versäumte man nicht, laut „Hah, Hah" zu rufen und ein Kreuz dabei zu schlagen, um nicht dem wilden Jäger mit dem eisgrauen Bart oder gar dem wüsten Vogelsteller zu begegnen.

Es wußten alte Leute auch zu erzählen, daß im Inneren der Höhle ein See verborgen läge, an dessen anderem Ufer die allerschönsten Mädchen säßen und jedem Gesellen die wunderbarsten Freuden zu bereiten vermochten. So gab es einen Knappen Kurt von der Lobdeburg, der beim Vorüberreiten im Gefolge seines Herrn aus dem Berg heraus das herrlichste Geigen, Pfeifen und Jauchzen gehört hatte und der sich nach der Lustbarkeit im Bergesinneren sehnte.

Um Eingang in die Unterwelt zu erlangen, bedurfte es des Krötensteins, von dem Kurt nicht wußte, wie er zu finden wäre. Wie durch einen glücklichen Zufall gefügt, zeigte ihm ein Ziegenhainer Kräutermann den Krötenstein. Kurt nahm den Stein fest in die Hand und drang mit diesem in das Innere der Teufelslöcher ein. Während er immer weiter in die Tiefe kletterte, hellte sich der Raum plötzlich auf, und Kurt sah mit einem Mal den Teich in einem ungewöhnlichen Licht. Am anderen Ende des unterirdischen Gewässers saßen die bezaubernden Schönen – geputzt an goldenen Spinnrädern. Doch sie regten sich nicht. Wie im Schlaf, starr wie Wachspuppen, schienen sie dem Kurt.

Plötzlich durchdröhnte ein lautes „Hah, Hah" die Höhle. Kurt fühlte sich wie von unsichtbaren Kräften gepackt und wurde blitzartig ins Freie geschleudert. Vor ihm stand der schreckliche Vogelsteller. Von Vogelfedern war sein Mantel, aus dem gehörnten Kopf wuchs ein langer Bart, auf dem ein Kauz saß, Krallen saßen statt der Hände an seinen Armen, aus der Brust wuchsen Leimruten und aus dem braun-roten, wüsten Gesicht durchdrang Kurt ein grausiger Blick.

Die Gestalt schrie und verschwand. Denn zum Glück kam gerade Kurts Vetter Thomas an der Höhle vorbei. Dieser war ein frommer Mann und schickte Kurt zum Pater nach Burgau zur Beichte.

Der Pater riet Kurt, den Krötenstein in die Höhle hineinzuschleudern, ein Kreuz zu schlagen und ein Vaterunser und ein Ave-Maria zu beten und nie wieder den Verlockungen der Unterwelt zu folgen. Das tat Kurt auch. Als er seinen Krötenstein in die Höhle hineinwarf, stürzte der Eingang unter lautem Getöse ein. Nur ein kleines Loch blieb erhalten.

Seitdem soll kein hübsches Mädchen mehr in die Höhle des Vogelstellers entführt worden sein. Den Vogelsteller selber wollen verschiedene Leute mehrmals gesehen haben: Holz, Schwämme oder Beeren suchenden Weibern ist er wiederholt als Jäger begegnet, auch als Fischer und als Kräutermann soll er aufgetaucht sein.

Alljährlich zu Walpurgis öffnet sich in der Nacht der Eingang zur Höhle. Wer es wagt, in dieser Nacht zur Höhle zu gehen, könnte vielleicht wie Kurt die schönen Mädchen am Teich im Lichtschimmer sitzen sehen.[28]

Das Motiv des Drachen taucht in unterschiedlichen Zusammenhängen auf: Der „Drache“ der Städtischen Museen Jenas entstammt wahrscheinlich studentischen Theateraufführungen, für die er als Requisit hergestellt und genutzt worden sein soll. Als solches ist er auch neben dem Jenzig, der Camsdorfer Brücke, der Durchfahrt unter dem Altar der Stadtkirche, dem Schnapphans an der Rathausuhr, dem Fuchsturm und dem ehemaligen Weigelschen Haus zu den Sieben Wundern Jenas gerechnet worden. Der Drache von den Teufelslöchern hat nichts mit dem Hausdrachen zu tun, der sonst in vielen thüringischen Sagen dominiert. Dieser Drache hat möglicherweise als Lindwurm Eingang in die Jenaer Michaels-Darstellung, so auch im Stadtwappen, gefunden, in der ein lanzendurchbohrter Lindwurm das Heidentum symbolisiert.

In der Vogelsteller-Sage scheinen sich weitere Motive zu überlagern: Im Krötenstein verkörpern sich offenbar mystische, dem Bergbau und vielleicht auch der Metallgewinnung anhaftende Vorstellungen; der Vogelsteller selbst könnte das Relikt einer vom christlichen Mittelalter in die Sagenwelt verbannten heidnischen Gottheit sein.

In der von Ch. A. Vulpius mitgeteilten Sage begegnet uns eine romantische literarische Form, in der die unterschiedlichen Traditionen verarbeitet worden sind.[29]

Allerdings läßt bereits A. Beier 1673 am „Töpfelsloch", „Töpelsloch" oder „Teufelsloch" mehrere Spukwirkungen nebeneinander erscheinen, wenn er schreibt, „... von dem Gespengste, welche ... die Vorüberreisenden sonderlich in der Demmerung und bey Nacht erschrecket, getrukket, verführet haben"[30]

Das Hochzeitsgeschirr aus den Teufelslöchern

In den Teufelslöchern soll es auch Zwerge gegeben haben. Diese gutmütigen kleinen Wesen standen den armen Menschen hilfreich zur Seite. Trotzdem wagte sich kaum jemand in ihr Reich, denn unheimlich war der Umgang mit ihnen und unheimlich ihre finstere Heimstatt.

Nun war jedoch einmal ein junges Mädchen aus Jena in tiefen Nöten. Ihr Liebster war ein Sohn wohlhabender Bäckersleute. Sie hätten einander gern geheiratet. Aber die Eltern des Bräutigams willigten nicht in die Verbindung mit dem armen Ding ein. Wenigstens das Geschirr für die Hochzeit sollte das Mädchen herbeischaffen können, wenn es die Schwiegertochter der Bäckersleute werden wollte. Als das Mädchen sein Leid der Großmutter klagte, fielen dieser die Zwerge in

den Teufelslöchern ein: „Wenn dir jemand helfen kann, dann sind es die Zwerge!“ sagte sie zu dem Mädchen.

So machte sich das Mädchen bangen Herzens auf den Weg zu den dunklen Höhlen. Dort angekommen, rief es mit zitternder Stimme die Zwerge um Hilfe an. Trotz all seiner Hoffnungen glaubte es, seinen Augen nicht trauen zu dürfen, als auf einmal tatsächlich ein Wichtelmann aus der dunklen Bergesöffnung ins Freie trat und es nach seinem Begehren fragte. Mit aller Höflichkeit und Bescheidenheit erzählte das arme Mädchen von seinen Nöten. Darauf führte es der Zwerg in die Höhle und suchte alles zusammen, was an Geschirr für eine Hochzeit nötig war. Der Zwerg legte ihm ans Herz, nach der Hochzeit alles zurückzubringen, und das Mädchen bedankte sich von Herzen und ging mit der kostbaren Last glücklich in die Stadt zurück. Die Bäckersleute staunten nicht schlecht, als sie das kostbare Geschirr der Zwerge sahen. So wurde die Hochzeit glücklich gefeiert. Danach packte die frischvermählte Frau das geliehene Geschirr in einen großen Korb und trug diesen wieder zu den hilfreichen Zwergen zurück. Der freundliche Zwerg, der auf ihr Rufen wieder erschien, freute sich, daß das Mädchen pünktlich seinem Versprechen folgte und das Geschirr zurückbrachte. Zum Lohn für seine Bescheidenheit und Ehrlichkeit schenkten ihm die Zwerge ein Beutelchen mit Gold für die Aussteuer. Dank dieses Geschenkes mußte sich das Mädchen nicht mehr wegen seiner armen Herkunft schämen. Es konnte sich auch genügend eigenes Geschirr kaufen und brauchte nicht mehr zu den Teufelslöchern zu kommen, um von den Zwergen zu borgen.[31]

Der Ziegenhirt und der Teufel

Vor vielen Jahren lebte in Wöllnitz ein Junge, dem beide Eltern gestorben waren, bei seiner Großmutter. Diese besaß ein kleines Haus und einen winzigen Acker, von dem sie ihren nötigsten Unterhalt bestritt. Im Sommer sammelte sie außerdem allerlei Kräuter, die sie in der Apotheke verkaufte. Der Waisenjunge half ihr fleißig beim Sammeln und auch bei der Feldarbeit. Als der Bürgermeister den Fleiß und das Geschick des Jungen sah, vertraute er ihm die Ziegenherde des Dorfes an.

So zog der Waisenjunge von nun an täglich mit seinen Tieren in die Umgebung, um seine Herde auf die besten Weideplätze zu führen. Den Winter über besuchte er jedoch die Schule, in der ihm der Küster das Lesen und Schreiben beibrachte. Da geschah es bald, daß er an den langen Winterabenden nicht nur den Geschichten der Großmutter lauschte, sondern in der alten Bibel von Großmutters Schrank blätterte. Am meisten beeindruckte ihn darin ein Bild des Teufels – mit Hörnern am Kopf, mit Schwanz und einem Pferdefuß. Diese Gestalt hätte er gar zu gern einmal in Wirklichkeit gesehen, aber die Großmutter verwies solch einen Wunsch mit ernsten Worten: „Wer sich mit dem Teufel einläßt, den holt er in die Hölle!“

Der Junge wußte, daß die Leute sich erzählten, in der Höhle, den Teufelslöchern, würde der Böse hausen. Und obwohl alle Menschen die Teufelslöcher mieden und auch die Großmutter ihn eindringlich vor diesem Ort gewarnt hatte, konnte der Waisenjunge seine Neugier nicht bezähmen. Als er eines schönen Sommertages mit seiner Herde an den Teufelslöchern vorbeikam, rief er mutig in die Teufelslöcher hinein, der Teufel möge sich ihm zeigen.

Kaum hatte er diesen Wunsch ausgesprochen, da klapperten in der Tiefe die Steine, und es stieg ein Mann herauf mit Jägerhut und Jagdbekleidung. „Du hast mich gerufen!“ sagte dieser. – „Bist du wirklich der Teufel?“ fragte der Junge. „Auf den Bildern siehst du ganz anders aus!“ – „Ja, die Menschen mögen mich nicht und stellen mich deshalb ganz schrecklich dar“, meinte der Teufel. „Aber weißt du auch, daß jeder, der mich ruft, mir folgen muß?“ – „Das kann ich nicht“, entgegnete der Junge. „Ich muß ja meine Ziegen wieder nach Hause bringen und wollte dich nur einmal sehen.“ – „Wenn du mir folgst, kann ich dich sehr reich machen“, sagte der Teufel. – „Ach, ich brauche kein Geld. Ich bekomme zu Weihnachten von der Gemeinde einen Taler fürs Ziegenhüten und eine neue Hose“, rief der Junge. – „Ich könnte dir alle Wünsche erfüllen“, sprach der Teufel. „Wenn ich einen nicht erfüllen kann, dann brauchst du mir nicht zu folgen. Drei Wünsche hast du frei.“

Der Junge überlegte kurz und sagte dann seinen ersten Wunsch: In einer Viertelstunde solle der Teufel alle seine Ziegen schön putzen, auch den störrischen Bock. Der Teufel lächelte nur, und in ein paar Minuten stand die ganze Herde samt dem widerspenstigen Bock sauber gestriegelt da. „Nun der zweite Wunsch!“ sagte der Teufel. –

„Jetzt sollst du alle Arnikablumen hier an den Kernbergen sammeln und für meine Großmutter bereitstellen. Du darfst aber keine dabei vergessen!“ – „Kleinigkeit“, meinte der Teufel und machte sich ans Werk. Bald standen ein paar vollgefüllte Säcke mit Blüten vor dem kleinen Hirten, und der Böse grinste. „Du hast nicht alle gesammelt“, sagte der schlaue Junge und zeigte auf die beiden Arnikablüten an seinem Hut. Der Böse knirschte mit den Zähnen, aber er hatte seine Wette verloren. „Ich will dir aber noch den dritten Wunsch aufgeben“, sagte der Junge. „Hol mir noch die alte Bilderbibel von Großmutters Schrank, damit ich dir dein Bild zeigen kann.“ Doch davon wollte der Teufel gar nichts wissen, denn vor dem Kreuz auf dem Deckel der Bibel verlor er all seine Macht. Und so verschwand er in einer Wolke von Gestank. Aber die Säcke voll Blüten standen noch da, und die Ziegen glänzten vor Sauberkeit, so daß der Junge seine Freude daran hatte. Er trieb seine Herde nach Hause und lieferte der Großmutter die Arnikablüten ab. Den Teufel hat er nie wieder gerufen.[32]

Der Fluch zum Schutze der Alten

Über dem weiten Saaletal bei Lobeda erhob sich einst die mächtige Burg der Herren von der Lobdeburg. Diese waren nicht nur vermögende und einflußreiche Herren, sie waren auch Gründer und Schirmherren unserer Stadt. Als solche wurde die Hermannin von der Lobdeburg zur Stifterin des Brüderhospitals, eines Vorläufers des Jenaer Altersheimes.

Um der Stiftung Dauerhaftigkeit zu verleihen, wurde ein Fluch- und Segenswunsch mit ihr verknüpft: Den Erhaltern und Vermehrern der Stiftung wird jeglicher geistliche und leibliche Segen angewünscht. Wer jedoch diese Stiftung abbrechen oder schmälern wollte, sei aus dem Buche des Lebens zu tilgen: „... Der Herr lasse seinen Blitz über den Feind aus und zerschlage ihn, und Feuer und Schwefel verderbe den Räuber... Verflucht sei die Erde, darinnen sein Leichnam begraben wird, und wenn er nicht Buße tut, so bleibe er beim Teufel und seinen gefallenen Engeln und komme ins ewige Feuer..."

Viele Jahre später gab es einen Ratsherrn, der forderte, das Brüderhospital aufzulösen. Da wurde der schreckliche Fluch wirksam. Allein das frevelhafte Wort des Ratsherrn genügte, um ihn einer fürchterlichen Krankheit anheimzugeben: seine Zunge wurde von einem Krebsgeschwür befallen, und der Mann ging an seiner Krankheit elend zugrunde. Da erinnerten sich die Jenaer voller Ehrfurcht und Angst des Fluches der Hermannin.[33]

Gebanntes Wild und späte Reue

In Thüringen lebte einmal ein Edelmann, der hatte von fremden Leuten Zaubersprüche gelernt, mit denen er in den Wäldern jedes Wild, das ihm begegnete, bannen konnte. Auf diese Weise war er sein Leben lang ein überaus erfolgreicher Jäger gewesen.

Als der Edelmann sein Ende kommen sah, plagten ihn Gewissensbisse, da er zeit seines Lebens auf zauberischem Wege das Wild gebannt hatte. Wenigstens hätte er gern noch gewußt, was diese Sprüche, die er im Angesicht des Wildes gemurmelt hatte, bedeuteten, ja, in welch einer Sprache sie überhaupt abgefaßt wären. So wurden diese Sprüche aufgeschrieben und an die verschiedensten Universitäten verschickt.

In Jena fand sich schließlich ein Professor, der die Sprache der Zauberformeln zu erkennen glaubte und sie für arabisch hielt. Als der dem Tode nahe Edelmann hörte, daß es arabische Sprüche wären, bedauerte er sein Tun noch mehr, da die arabische Sprache als besonders gottlos und unchristlich galt. So hatte er Gott nicht nur durch die Bannung des Wildes, sondern zudem noch durch eine unchristliche Sprache beleidigt.

Der so von seinem Gewissen geplagte Edelmann beichtete in tiefer Reue seine Sünden, und es wird berichtet, daß er sanftmütig und in guter Hoffnung aus dieser Welt geschieden sei.[34]

Der Bannbaum

In den Saalewiesen bei Jena soll es früher einmal einen merkwürdigen Baum gegeben haben. Es war eine Erle, die frei im Gelände stand und von der man erzählte, daß dort Menschen in einen unsichtbaren Bann geraten wären.

Einmal suchte ein Mädchen aus Löbstedt in den Wiesen nach Kümmel. Gerade bei dieser Erle sah es schönen, fetten Kümmel stehen, ging hin und pflückte ihn. Als das Mädchen aber weitergehen wollte, kam es nicht mehr vom Baum weg und mußte stundenlang in einem engen Kreis um ihn laufen. Endlich hörte die seltsame Kraft auf, und das Mädchen konnte weitergehen. Zwanzig Jahre später soll es einer Frau aus Jena an diesem Baum ähnlich ergangen sein.[35]

Der Bilderraub in Altengönna

In der kleinen Dorfkirche in Altengönna steht ein mehr als 450 Jahre alter Schnitzaltar mit den Figuren der Jungfrau Maria, der Apostel Petrus und Paulus und zweier Bischöfe, von denen die Sage erzählt, es seien die Apostel Johannes und Jakobus. Als die Franzosen auf den Schlachtfeldern bei Jena im Oktober 1806 das Preußische Heer besiegten, wurde auch Altengönna nicht verschont. Der prächtige Altar wurde zur Kriegsbeute gemacht und die Bilder auf einen Wagen geladen, den zwei Pferde von dannen zogen. Doch plötzlich blieb der Wagen stehen, und die beiden Pferde brachten nicht mehr genügend Kraft auf, um ihn weiterzuziehen. Die Franzosen spannten zunächst vier und, als das nicht half, sechs und dann sogar acht Pferde vor den Wagen mit dem Raub. Aber der Wagen rührte sich nicht von der Stelle. Erst als die Bilder abgeladen und an ihren alten Platz zurückgebracht wurden, bewegte er sich wieder, so daß ihn zwei Pferde ohne Mühe davonziehen konnten.[36]

Der Bann begegnet uns in der Sage vor allem als die Gewalt, die jemanden oder etwas an einem Ort festhält. Im historisch-rechtlichen Sinn ist der Bann die Macht des Gebietens und Verbietens.[37] *Die zauberische Banngewalt betrifft zum einen bannmächtige Personen oder Gestalten,*[38] *zum anderen bezieht sie sich auf spezielle Orte. Dabei ist nicht nur die moralische Bewertung einer Tat, sondern die Bedeutung, Bewahrung und Beachtung einmal gesetzten Rechtes Gegenstand der Überlieferung.*

Der Bannglaube steht in unmittelbarer Beziehung zum alten Bannrecht, das bereits für die frühgeschichtliche Zeit Bedeutung hatte (z.B. der Gerichtsbann).[39] *Neben dem gesetzten Bannrecht vergangener Jahrhunderte findet man den aus archaischer Wurzel herrührenden Bannglauben in den Sagen wieder.*

In die Nähe der Bannsagen ist auch die Überlieferung von Freistätten zu rükken, die vorzugsweise an markante Stätten außerhalb von Ortschaften gebunden waren. Im Bereich der heutigen Stadt Jena wird solch eine Freistätte in Form eines Rasens bei der Ziegelmühle im Mühltal genannt, wo Verfolgte Asyl fanden.[40]

Das Opfer am Johannistag

In heidnischer Zeit galten besonders die Tage der Sonnenwende als heilig. Wunderbares oder auch Schreckliches konnte sich in diesen Tagen und Nächten zutragen.

So brauchte die Nixe, die in der Saale lebte, regelmäßig ein Opfer, das sie sich am Johannistag holte. Offensichtlich hatte sie an diesem Tag besondere Gewalt über die Menschen. Die Anwohner des Flusses badeten am Johannistag nicht, und die Fischer mieden den Fluß.

Einmal geriet an solch einem Tag ein armer Mann in die Fänge der Nixe. In seiner Todesangst schrie er laut um Hilfe. Ein Bornknecht, der die Hilferufe des Ertrinkenden hörte, wagte jedoch eingedenk der besonderen Gefährlichkeit des Tages und aus Furcht vor der Nixe nicht, dem Unglücklichen zu helfen. Dieser versuchte vergeblich, sich dem Zugriff der Nixe zu entziehen. Erbarmungslos zog sie ihn in ihr tödliches Reich.[41]

Der Maler und die Nixe

In Jena hielt sich einmal ein fremder Maler auf, der darauf aus war, die Nixe in der Saale kennenzulernen. Abends ging er im Paradies am Ufer der Saale auf und ab. Dabei spielte er auf der Gitarre Melodien, von denen man wußte, daß es die Weisen der Nixe waren.

Eines Abends begleitete ihn ein einheimischer Maler auf seinem Gang. Als sie so liefen – der Jenaer Maler ein paar Schritte vor dem fremden – kam letzteren auf einmal eine merkwürdige Furcht an. Er wandte sich um und sah plötzlich hinter sich die Nixe in ihrer vollen Schönheit stehen. Vom Schrecken verwirrt stürzte er an dem anderen Maler vorüber und flüchtete zur Saale hin, um dort zu verschwinden.

Der Jenaer Maler hatte alles mit angesehen und rief seinen Gefährten. Dann suchte er ihn, konnte ihn aber nicht finden. Auch andere Leute, die herbeigeeilt waren, fanden den fremden Maler nicht. Sie liefen schnell zu einem Fischer, damit man auch auf der Saale nach dem Vermißten suchen konnte. Der Fischer war aber ebenso erfolglos wie die anderen.

Am darauffolgenden Tage bemerkten der Fischer und sein Sohn am oberen Ende des Paradieses in der Nähe des Ufers einen Gegenstand im Wasser, der wie ein Hühnerkorb aussah. Sie ruderten hin und entdeckten auf dem Wasser die ausgebreiteten Haare eines auf dem Grund des Flusses stehenden Menschen. Es war der vermißte Maler.[42]

Nixen zeigen sich

In Jena gab es einen Fischer, der behauptete, daß er ein reicher Mann wäre, wenn er so viele Taler hätte, wie er schon Male die Nixe in der Saale gesehen habe. Sie zeige sich zu allen Tageszeiten und träte immer wieder in neuer Kleidung und Gestalt auf. Führe er den Fluß auf oder ab, so wäre sie bald vor, bald hinter ihm singend und plätschernd. Meist sähe er sie in einem weißen Kleide mit einem Schilfkranz auf dem Kopf. Ihr Haar wäre blond, zuweilen aber auch schwarz. Damit der Wassergeist ihm nichts anhaben könne, vermeide der Fischer jegliches Sprechen und Fluchen. Es käme aber auch vor, daß er die Nixe am Ufer sähe, wenn sie damit beschäftigt sei, Wäsche zu trocknen. Kaum hätte er sie erblickt, so erschiene sie wieder singend im Wasser.

Einem Fischer aus Jena hätten sich bei Kunitz sogar zwei Nixen zugleich gezeigt. Der Mann sah sie auf den Kunitzer Wiesen in ihren weißen Kleidern und mit langen gelben Haaren. Bei ihnen war ein Knabe mit einer langen spitzen Mütze.

Auch ein vornehmer Mann hatte allem Anschein nach einmal eine Nixe zu Gesicht bekommen. Als er an der Saale entlang von Jena nach Drackendorf lief, erhob sich an einer ganz bestimmten Stelle des Flusses eine weibliche Gestalt aus dem Wasser. Trotz ihrer Schönheit und der langen blonden Haare reagierte der Mann nicht auf das Winken der Nixe, sondern setzte seinen Weg fort.

Einem Seiler aus Lobeda begegnete die Nixe auf seinem Heimweg von Jena. Als er über die Brücke ging, die von Lobeda über die Saale führte, sah er flußaufwärts die Nixe. Sie war nackt und wunderschön und hatte lange gelbe Haare. Als sie singend und plätschernd das Wasser erreicht hatte, verschwand sie.[43]

Seltsame Nixen

Einem Fleischer, der an verbotener Stelle badete – er schwamm bei der Schneidemühle in der Saale – wäre sein Leichtsinn beinahe einmal zum Verhängnis geworden: In der Mitte des Flusses wurde er plötzlich an den Füßen festgehalten und nach unten gezogen. Er schrie laut um Hilfe, und Leute, die in der Nähe badeten, schwammen heran, um ihm zu helfen. Erst nach großer gemeinsamer Anstrengung konnte der Fleischer befreit werden. An seinen Beinen fand man den mit Blut unterlaufenen Abdruck von zwei großen Krallen. Die Nixe hatte versucht, ihn zu sich in die Tiefe zu ziehen.

Im Jahre 1804 soll eine Nixe am hellen Tage im Paradies erschienen sein. Mehrere Leute haben sie dort lustwandeln gesehen. Ihr Erscheinen wurde mit einem Ereignis in Zusammenhang gebracht, das für das weimarische Land bedeutend gewesen sein soll.

Noch eine andere Erscheinung wurde einer Nixe zugerechnet: Jedesmal, wenn sich ein Mensch in der Paradiessaale ertränkt hatte, hörte der dort wohnende Fischer unter seinem Fenster eine Stimme seinen Namen rufen.[44]

Eine greuliche Nixe begegnet der Fischersfrau

Vielen Menschen sind Nixen in der Saale als hübsche, ja bezaubernde weibliche Wesen begegnet. Ganz anders zeigte sich eine Nixe einer Fischersfrau – angeblich dem Weib jenes Fischers, der den von der Nixe in die Saale gelockten Maler gefunden hatte.

Hinter dem Fischerhause lag ein Garten, der bis zum Ufer der Saale reichte. Eines Tages sah die Fischersfrau, als sie durch den Garten zum Ufer lief, um ihre Wäsche zu waschen, in geringer Entfernung unter dem Wasser ein weißgekleidetes Weib. Es hatte greuliche schwarze Augen und dunkle Haare. Die Fischersfrau entfernte sich, kam aber doch bald wieder, um mit ihrer Arbeit zu beginnen. Die Nixe ließ sich dadurch nicht vertreiben. Sie blieb lange im Blickfeld der Frau und verschwand erst viel später.[45]

Vor dem Selbstmord bewahrt

Ein armes elternloses Mädchen, das bei fremden Leuten lebte, hatte beschlossen, seinem traurigen Dasein selbst das Ende zu bereiten, da ihm nur Übles widerfuhr. Das Mädchen lief in den abgelegenen Teil des Paradieses, konnte dort aber auch keine Ruhe für sein Vorhaben finden, weil ständig Menschen vorübergingen. In seiner Verzweiflung stieg es in das früher dort angebrachte Badegehege, in dessen Umzäunung sich sonst die Badelustigen in der Saale tummelten. An diesem Tag aber war alles leer. Das Mädchen legte sich auf eine Bank, um die baldige Dämmerung abzuwarten. Da trat plötzlich eine junge Frau, deren Kleidung sie als Angehörige eines gehobenen Standes auswies, an sie heran. Diese Frau wußte von dem verderblichen Vorsatz des Mädchens und bat es mit bewegten Worten, davon abzulassen. Sie sprach überzeugend und führte viele religiöse Gründe gegen einen Selbstmord an, bis das Mädchen versprach, den Gedanken an den Selbstmord zu verwerfen. Darauf war die Frau urplötzlich wieder verschwunden.

Als das Mädchen sich umsah, entdeckte es, daß das Gehege verschlossen war und nur schwimmend erreicht oder erklettert werden konnte. Das hätte es aber unbedingt bemerken müssen. Es konnte also nur die Nixe gewesen sein, von der man wußte, daß sie in ganz verschiedenen Gestalten einhergeht.[46]

Der Nixenteich bei Cospeda

Auch bei Cospeda soll es eine Wassernixe gegeben haben. Sie wohnte in einem kleinen Teich, der etwa einen Kilometer nördlich vom Dorf entfernt lag. Dort – so wird erzählt – hat einst ein böser Fleischer sein Ende gefunden.

Die Cospedaer Nixe kam einmal zu diesem Fleischer, um sich ein Stück Fleisch zu kaufen. Der Fleischer aber wollte ihr einen schlimmen Schabernack antun und sagte deshalb zu ihr: „Komm und halte mir so lange, bis ich dir dein Teil heruntergehackt habe!“ Die Nixe argwöhnte nichts Böses und hielt das Stück Fleisch. Der Fleischer aber hieb statt des Fleisches der armen Nixe die rechte Hand ab.

Diesen zweifelhaften Spaß mußte der Fleischer sehr teuer bezahlen. Als er eines Tages zufällig an dem Cospedaer Nixenteich vorbeikam, zog ihn die Nixe zu sich unters Wasser.[47]

Ihrer Lage an der Saale hat die Stadt Jena zu einem nicht unwesentlichen Anteil ihre Entstehung und Entwicklung zu verdanken. Es wird auch von einer alten Weissagung berichtet, nach der Jena dereinst nicht durch Feuer, sondern durch Wasser untergehen werde. Die Stadtchronik ist voll von Nachrichten über Hochwasser und Ertrunkene. So stand im Jahre 1610 die Saale bis zum „Breiten Stein“ in der Oberlauengasse und war am Steinweg so tief, daß ein Fischer mit einer Magd und zwei Knaben im Boot umgeworfen wurde und ertrank.

In der Schloßgasse konnte man mehrmals Kahn fahren. Zwischen 1744 und 1784 wurden dreizehn bedeutende Hochwasser gezählt. 1265 sollen sogar fünfunddreißig Menschen in den Fluten eines Wolkenbruches ertrunken sein.[48] Auch die normales Wasser führende Saale holte sich immer wieder ihre Opfer: Selbstmörder oder beim Baden ertrinkende Menschen. Häufig mag es schwierig gewesen sein, das tragische Geschehen und seine Ursachen zu deuten, und so lag in früheren Zeiten der Gedanke an Geister in den Fluten nahe.

Wie Glizza zu den Nixen kam

Auf der rechten Seite der Saale reiht sich Burgberg an Burgberg. Auf der Kunitzburg lebte einst ein Ritter Hugo von Gleisberg, der eine wunderschöne Tochter besaß, die Glizza genannt wurde.

Als Glizza herangewachsen war, verband sie sich in tiefer Liebe mit Otto, einem jungen hübschen Vasallen ihres Vaters. Doch bevor Glizza sich von ihrem geliebten Otto zum Traualtar führen lassen konnte, beschloß ihr Vater auf seine alten Tage, das Kreuz zu nehmen und sich den begeisterten Scharen der Kreuzfahrer anzuschließen. Otto mußte ihn als sein Vasall dabei begleiten. Beim zärtlichen Abschied versprach Otto seiner weinenden Braut die baldige Rückkehr und die Vermählung am Tage seiner Wiederkehr.

Tag für Tag spähte Glizza von der Burg ins Land, um die Rückkehr Ottos zu erwarten. Doch Wochen, Monate, ja Jahre gingen ins Land, ohne daß ihr Geliebter wiederkehrte. Voll Trauer spazierte sie länger und immer öfter den steilen Burgberg bis zur Saale herab. Am Fluß fand sie einen leisen Trost im lockenden Gesang der Nixen; in ihrer Trauer folgte sie dem nächtlichen Reigen der Wasserfrauen. Voller Verzweiflung gab sie sich schließlich ihrer unwiderstehlichen Einladung hin und ließ sich von den feuchten Armen der Nixen in die rauschende Flut ziehen.[49]

In der heute „Kunitzburg" genannten Ruine oberhalb des Dorfes Kunitz begegnen uns die Reste der mittelalterlichen Burg Gleisberg, die im 15. Jahrhundert zur Ruine wurde.[50] *Der alte Name der Burg wird mit „gleißen" und „glitzen" in Verbindung gebracht. Von daher wäre auch die Namensgebung der Jungfrau Glizza in der Sage erklärbar*[51].

Wegen des unterhalb der Burgruine in die Saale mündenden Flüßchens Gleise und dem in seinem Tal gelegenen Alten Gleisberg könnte jedoch auch in einem Flußgeist die ursprüngliche Gestalt der Glizza vermutet werden, die dann in der mittelalterlichen Sage mit der bildlichen Benennung des Berges verwoben wurde.

Die Übertragung des Namens vom Fluß auf den Berg ist als sehr wahrscheinlich anzusehen[52], *zumal der Name „Alter Gleisberg" der dominierenden Anhöhe des Gleisetals anhaftet und auch die Gleise als schimmerndes, glänzendes Gewässer verstanden werden muß*[53]. *Der Chronist Adrian Beier (1673) schreibt das Flüßchen „Glitza".*[54]

Alter Wein von der Kunitzburg

Auf einer Hochzeitsfeier in Kunitz war um Mitternacht der Weinvorrat erschöpft. Der Gastgeber nahm das jedoch leicht und sagte im Scherz zur Magd: „Geh auf die Burg und hole Wein!" und gab ihr Geld dazu. Das Mädchen, das noch nicht lange im Ort war, nahm die Aufforderung des Hausherrn ernst und machte sich mit einem Krug auf den Weg zu dem unbewohnten Burgschloß auf der Höhe.

Oben klopfte sie an eine Tür, welche tatsächlich von einer weißen Gestalt aufgetan wurde. Als die Magd nach ihrem Wunsch gefragt wurde, antwortete sie, daß ihr Herr, dessen Namen sie nannte, sie zum Weinholen hierher geschickt hätte. Darauf ging die Gestalt in den Keller der Burg. Dort füllte sie den Krug des Mädchens aus einem Faß. Die Gestalt gab den gefüllten Krug dem Mädchen zurück, ohne von diesem eine Bezahlung anzunehmen.

Als das Mädchen mit dem Wein wieder bei der Hochzeitsgesellschaft angekommen war, wurde das Getränk aus seinem Krug sogleich probiert. Alle lobten es als einen alten, vorzüglichen Wein, und man

fragte das Mädchen natürlich, woher es zu solch später Stunde diesen guten Tropfen geholt hätte.

Als das Mädchen von seinem Gang zur Kunitzburg erzählte, wunderten sich alle sehr, und da es den Gästen nicht geheuer schien, wurde die ganze Geschichte in Jena beim Gericht angezeigt. Dort mußte das Mädchen die ganze Begebenheit unter Eid noch einmal erzählen. Auf seine Aussage hin wurde eine amtliche Untersuchung der Kunitzburg angeordnet. Doch trotz aller Nachforschungen wurden weder Fässer noch Wein gefunden.[55]

Der Drache von Closewitz

Ein Closewitzer sollte von einem Drachen Geld gebracht bekommen. Als der Drache auf seinem Weg von Leipzig gerade die Straße bei Zwätzen überflog, kam ihm auf dieser ein Jesuit entgegen, der am Morgen in Stadtroda losgefahren war. Dieser Jesuit hatte die Gewalt, Drachen zu gebieten.

Da der Kutscher den Jesuiten auf den Drachen aufmerksam machte, fragte letzterer den Drachen: „Wo kommst du her?“ Der Drache antwortete aus der Luft: „Von Leipzig. Ich habe vierhundert Taler aus der Bank geholt, die nach Closewitz sollen an N.“ Der Jesuit fragte den Kutscher: „Willst du das Geld haben? Es hilft dir aber nur, solange du ledig bist.“ Der Kutscher lehnte das Angebot jedoch ab, und so gebot der Jesuit dem Drachen weiterzufliegen.[56]

In der Sage vom Drachen von Closewitz begegnet uns ein ganz anderer Drache als der von den Teufelslöchern. Neben der grausamen, tyrannisierenden Drachengestalt gab es namentlich im östlichen Thüringen, aber auch darüber hinaus, den weit verbreiteten Glauben an den Drachen als seltsamen, aber hilfreichen Hausgeist für Leute, die schnell, auf Kosten anderer und trotz aller Drohungen mit Verdammnis nach dem Tode reich werden wollten. Noch 1909 konnte P. Ammer

den lebendigen Glauben an den Drachen beschreiben: Man erbt ihn mit dem Hof oder Gut oder bekommt ihn per Handschlag übergeben. Wird der Drache nicht gepflegt, so richtet er das Gut zugrunde. Den pflegenden Drachenbesitzer erkennt man daran, daß es mit ihm unverhältnismäßig schnell aufwärts geht. Drachen waren gar nicht so selten: In dem Dörfchen Rödelwitz, südlich von Jena gelegen, wurde von 26 Drachen erzählt. Im Hausdrachen fließt die böse, grauenhafte Drachengestalt offensichtlich mit vorchristlichen Traditionen von Hausgeistern, die das ganze Mittelalter und bis in unser Jahrhundert hinein überlebten, zusammen.[57]

Der Pfennigsee

Einst gab es bei Jena einen stillen, abgeschiedenen See inmitten des Waldes, dessen Wasser lichtgrün war und so klar, daß man bis auf den Grund sehen konnte. Dort wohnte ein Mädchen in einer Hütte, die es von seinen verstorbenen Eltern geerbt hatte. Dieses Mädchen kannte sich unter vielerlei Kräutern aus. Tagsüber sammelte es sie und bereitete am Abend Tee und Salben daraus, um diese zu armen, kranken Menschen zu bringen. Für diesen Krankendienst nahm das Mädchen jeweils nur einen Pfennig. Da es bescheiden lebte, genügte dieser Verdienst dem Mädchen zu seinem Lebensunterhalt.

Eines Tages kamen zwei Knechte zur Hütte des Mädchens und forderten dieses barsch auf, sie zu ihrem schwer erkrankten Herrn zu begleiten, und drohten sogar, es mit Gewalt mitzunehmen. Als das Mädchen bei dem Kranken ankam, zeigte dieser trotz seiner schlimmen Verfassung noch seine Bosheit, mit der er auch sonst seine Leute drangsalierte. Er schrie das Mädchen an: „Du sollst mich gesund machen, hörst du, kannst du es nicht, dann mußt du sterben!“

Doch das Mädchen merkte, als es den Kranken betrachtete, daß diesem nicht mehr zu helfen war, seine Hände hatte der Tod schon gezeichnet, und so sagte es: „Ich kann Euch nicht mehr helfen; Ihr habt mich zu spät rufen lassen. Am Abend, wenn der letzte Sonnenstrahl über die Erde eilen wird, drückt Euch der Tod die Augen zu.“

Als der Herr dies hörte, schrie er laut, daß er nicht sterben wolle. Die Knechte sollten aber das Mädchen in den Teich werfen, denn es sei eine Hexe, die im Wasser umkommen müsse.

Das Mädchen war ruhig und gefaßt, auch als die Knechte es in die Mitte nahmen und davonführten. Als es dann in der Gewalt der beiden am Ufer des geliebten Sees stand, der nun sein Grab werden sollte, riß es sich los und stürzte sich ins Wasser. Seitdem blieb es für alle Zeit verschwunden.

Der Herr starb in genau der Stunde, die das Mädchen ihm prophezeit hatte. Die Menschen in der Umgebung des Sees waren aber voller Trauer und Klage über den Tod des geschätzten freundlichen Mädchens, dessen Hilfe sie nun entbehren sollten.

Kurz danach kam eine alte, schwer gichtkranke Frau an den See, die noch nichts von dem Mord an dem Mädchen erfahren hatte. Als sie niemanden fand, der ihre Bitte um einen helfenden Tee erfüllen konnte, wartete sie am Ufer des Sees und rief immer wieder den Namen des Mädchens. Plötzlich klang es wie eine Stimme aus dem See, die rief: Wirf einen Pfennig in den See und geh heim. Dort steht der Tee auf dem Tisch!

Voll Verwunderung tat die alte Frau, was die Stimme ihr geraten hatte und ging dann nach Hause. Und tatsächlich fand sie dort den Tee, der sie auch wirklich gesund machte. Diese seltsame Begebenheit verbreitete sich bald. Von überallher kamen die Kranken, um an dem einsamen Waldsee Hilfe zu finden. Sie warfen ihre Pfennige in den See, und den allermeisten wurde geholfen. Nur böse Menschen konnten keine Heilung finden.

Es soll manchmal noch heute vorkommen, daß ein junges Mädchen zu dem See eilt und dort heimlich Wünsche ausspricht, die an keines Menschen Ohr sonst gelangen, und dabei einen Pfennig hineinwirft. Es wird gesagt, daß auch diese Wünsche fast immer in Erfüllung gehen.[58]

Der Spuk auf der Wüstung

Es wird erzählt, daß es auf der Stelle des verlassenen Dorfes Schlendorf an der Nordseite des Hausberges nicht geheuer wäre. Leute, die die Dorfstelle betraten, sollen urplötzlich ein kleines Dorf vor ihren Augen liegen gesehen haben. In diesem Dorf seien auch auf einmal Menschen in altertümlicher Bekleidung erschienen, die wie die ehemaligen Bewohner des Ortes anmuteten. Diese Menschen machten grimmige Mienen und furchteinflößende Gebärden. Gleich darauf sei alles plötzlich wieder verschwunden.

Später wurde vermutet, daß Schlendorf von einer der Besatzungen der Hausbergburgen Kirchberg oder noch eher Windberg angelegt worden sein soll. Durch irgendeine Katastrophe sei das Dorf dann untergegangen; kein Mensch weiß aber, ob es durch Menschenhand verdorben und verbrannt oder aber vielleicht von einem herabstürzenden Berge begraben worden ist.[59]

Das Dorf Schlendorf hat wirklich existiert: In angesehener Stellung als kaiserlicher Notar wird 1434 und 1440 ein Nicolaus Slendorf aus Jena erwähnt,[60] dessen Name höchstwahrscheinlich auf das in der Sage genannte Dorf zurückgeht. Das Dorf selber fand 1455 Erwähnung.[61]

Funde mittelalterlicher Siedlungskeramik auf dem Gelände südlich des Gembdenbaches belegen unterhalb von Jenaprießnitz eine Dorfstelle, die möglicherweise mit dem Ort Schlendorf, auf den sich die Sage bezieht, identisch ist.

Reichtum aus dem Gembdenbach

Eines Tages erschienen fremdländische Männer im Gembdental. Keiner der Einheimischen wußte zu sagen, woher sie kamen und was sie trieben. Einmal jedoch kam einer im Wogauer Wirtshaus mit dem Sohn des Gastwirts ins Gespräch. Sei es, daß der Sohn des Wirtes besonders schnell das Vertrauen des Fremden gewann, sei es, daß der Fremde stärker als üblich den Getränken des Hauses zusprach – kurz, er schlug dem Wirtssohne vor, ihn nach Italien zu begleiten.

Die Worte des Fremden blieben dem Wogauer wohl im Gedächtnis. Einige Zeit später geschah es, daß er unglücklicherweise beim Dreschen des Korns eine Magd erschlug. Um der sicheren Strafe zu entgehen, floh der junge Mann. Eingedenk der Worte des Fremden begab er sich nach Italien. Dort traf er tatsächlich den Fremden wieder, der ihn damals im Wirtshaus seines Vaters aufgefordert hatte, nach Italien mitzukommen. Der Fremde war außerordentlich reich und zeigte dem Wogauer alle seine Schätze. Schließlich fragte ihn dieser, wie er zu seinen Reichtümern gekommen wäre. – All das Gold stamme aus dem Gembdenbach, war die erstaunliche Antwort.[62]

Sagenhafte Nachrichten über große Schätze auf dem Grunde teilt der Gembdenbach mit vielen anderen Gewässern Thüringens wie der Schwarza und der Saale, an denen tatsächlich Gold gewaschen wurde[63], aber auch mit solchen, an denen aus geologischen Gründen eine Goldgewinnung unwahrscheinlich ist. Offensichtlich mischen sich in diesen Sagen die Nachrichten von den blühenden, aber fernen Städten Italiens mit dem Traum, anstelle winziger Goldmengen im Fluß einmal einen großen Schatz zu finden, und mit dem gelegentlichen Auftreten fremder Bergleute, die in den thüringischen Bergen nach Mineralien für die Glas- und Keramikproduktion suchten.[64] An sie knüpften sich zahlreiche Venezianersagen z. B. aus dem Harz, dem Kyffhäuser und dem Thüringer Wald.

Die Glocken im Schlettweiner Born

Am Ausgang des Großschwabhäuser Grundes überspannt heute die Eisenbahnbrücke das Seitental. Dort soll vorzeiten die Wüstung Schlettwein gelegen haben. Es wird erzählt, daß während der Schlacht von 1806 flüchtende Isserstedter in den Kellern der zerfallenen Schlettweiner Häuser ihr Hab und Gut versteckt haben. Einzelne Flurteile waren lange noch als „Auf den Kellern" und „Auf dem Friedhof" bekannt.

Im Waldesdickicht verborgen liegt eine Stelle, die als „Der Schlettweiner Born" bezeichnet wird. Möglicherweise war hier eine Quelle, die einmal das Dorf Schlettwein mit Wasser versorgte. Dort sollen die Glocken des untergegangenen Dorfes in großer Not versenkt worden sein.[65]

Im Bereich des Mühltales westlich von Jena bestanden im Mittelalter vermutlich vier Dörfer, die heute nicht mehr existieren: Schlettwein und Rödel im Tal nach Isserstedt, Ziskau in dem nach Lützeroda hinaufziehenden Seitental und Möbis am Rand der nach Vollradisroda liegenden Hochfläche unweit des Münchenrodaer Grundes.[66] Noch 1429 wird eine Hufe (zum Betreiben eines einfachen Vollbauernhofes gehörender Fluranteil mit den daran gebundenen Rechten) in Schlettwein erwähnt[67], 1490 und 1498 ein Hans Slotwyn in Jena genannt.[68]

Räuberschenken an der alten Weimarer Landstraße

Dort, wo heute die Mühltalperle am „Carl August“ steht, gab es schon vor langer Zeit ein Gasthaus. Der Platz war günstig, kamen doch hier die von Isserstedt, Kötschau und durch den Großschwabhäuser Grund führenden Wege zusammen. Doch in dem Gasthaus soll es nicht mit rechten Dingen zugegangen sein. Es soll vorgekommen sein, daß Reisende, die spät abends dort angekommen sein mußten, spurlos verschwanden. Auch andere Gäste der Schenke wurden dort zum letzten Mal gesehen. Auf den umliegenden Dörfern wurde erzählt, daß diese Reisenden ermordet und ausgeplündert worden waren. Später wären jedoch die Verbrecher gefangen und die Räuberschenke dem Erdboden gleichgemacht worden. Der Name der Schenke soll „Die Filzlaus“ gewesen sein.

Eine zweite Schenke, einem gewissen Hinkler gehörend, habe „Zum bösen Grind“ geheißen und soll weiter oben gestanden haben. Auch in dieser Schenke sollen Räuber ihr Domizil gehabt haben. Von einem Dieb namens „Hühnerkaspar“, liederlichen Frauenspersonen und Exzessen von Jugendlichen und Studenten wird berichtet. Als das Treiben in dieser Schenke zu schlimm wurde, ordnete das Amt in Jena an, die Schenke abzureißen, was schließlich durch die Gemeinde Isserstedt besorgt wurde.[69]

Die Kriegskasse an der Rödelstraße

An der Rödelstraße mußte ein durchziehender Kriegstrupp einmal in aller Eile seine Kriegskasse vergraben. Diese Kasse konnte bis heute nicht gehoben werden. Den Alten war eine Formel bekannt, die den Platz des Schatzes angab: „Siebenundzwanzig Schritte von dem alten Meilenstein nach Osten ..." sollte die Kasse zu finden sein. Viele sollen dort bereits nach dem Gold gegraben haben, aber über Erfolge ist nie etwas bekannt geworden.

Andere meinten, daß der Schatz direkt unter dem Meilenstein liegen müßte. Dieser zeigt nämlich auf der Jenaer Seite die Weimarer Initialen und auf der Weimarer Seite die von Jena. Den Soldaten, die die Kriegskasse einst vergruben, erschien der Meilenstein ein sehr ge-

eigneter Platz für ihren Schatz. Deshalb gruben sie ihn aus und versenkten tief unter seinen Standplatz die Kriegskasse. Weil sie in großer Eile waren, setzten sie den Stein seitenverkehrt wieder an seinen alten Platz.[70]

Zwischen Jena und Isserstedt steht rechts neben der Straße ein Steinkreuz, das mit einer jüngeren Inschrift auf eine alte Quelle weist. Das Steinkreuz hatte wahrscheinlich zunächst am Ortsausgang von Isserstedt gestanden, war wegen mehrfacher Schatzgräbereien dann jedoch versetzt worden.[71]

Die Quelle wurde Rödelborn genannt, nach einem Ort, der in der Nähe der Quelle gelegen haben soll. Die dort vorüberführende alte Straße, die südlich der heutigen Fernverkehrsstraße nach Westen zog, hieß Rödelstraße.[72]

Der heilende Brunnen in Lichtenhain

Das Dorf Lichtenhain bei Jena gehörte vor langer Zeit zur Grafschaft Ranis. In Lichtenhain selbst führte ein Vogt des Grafen ein strenges Regiment. Dieser wachte auch über den Schäfer des Grafen, der eine reiche Herde zu hüten hatte.

Der Mangel an guter Nahrung verführte den Schäfer ein um das andere Mal dazu, nicht nur auf Weisung des Vogtes, sondern auch für sich und seine Familie einen Hammel zu schlachten. Die Untreue des Hirten blieb dem Vogt auf die Dauer jedoch nicht verborgen. Als der Schäfer auf die Verringerung der Herde hin zur Rede gestellt wurde, mußte er sein Vergehen eingestehen. Zur Strafe sollte er den Tod am Galgen finden.

Als der arme Schäfer nun im Verlies auf seine letzte Stunde wartete, klagte er dem Wächter sein trauriges Schicksal. Der Wächter konnte dem Gefangenen keine Hoffnung machen, Gnade beim Grafen zu finden, der zudem mit einer schlimmen Krankheit geschlagen sei. Bei der Nachricht von der Krankheit des Grafen regte sich jedoch ein Hoffnungsschimmer bei dem gefangenen Schäfer. Er kannte in der Lichtenhainer Flur einen Brunnen, dessen Wasser Kranken Hei-

lung brachte. So bat er darum, dem Grafen auszurichten, daß er ihm Heilung verschaffen könne, wenn er ihm sein Leben schenke.

Der Graf bestellte nach dieser Nachricht den Schäfer zu sich und sicherte ihm seine Begnadigung für den Fall seiner Heilung zu. Der Schäfer führte ihn daraufhin zu der versteckten Quelle. Dank ihres Wassers fand der Graf tatsächlich Heilung. Er hielt sein Wort und schenkte dem Schäfer die Freiheit. Der Graf ließ die Quelle fassen und ein Gewölbe darüber errichten. In Stein gehauen konnte man dort ein Bild vom Grafen und vom Schäfer erblicken, daneben die Jahreszahl „1571". Dieser Brunnen lieferte später das Wasser zu dem berühmten Lichtenhainer Bier.[73]

Das Reuetal

Von Zwätzen führt der Weg nach Closewitz durch das bewaldete Rautal. Ursprünglich nannte man die Strecke einfach Closewitzer Weg. Später wurde es dann Rautal genannt.

Es war einmal ein Closewitzer Edelmann, der war reich, und ihm gehörte auch das Rautal. Dieser Edelmann wurde schwer krank. Keine Medizin schien zu helfen, und er mußte um sein Leben bangen. Da kam er mit einem Bruder aus einem Jenaer Kloster überein, daß dieser ihn von seiner Krankheit heilen solle und versprach dem Klosterbruder den ihm gehörenden Wald im Rautal.

Der Beistand des frommen Mannes half dem kranken Closewitzer tatsächlich. Er genas und gewann seine frühere Gesundheit wieder. Als er sich seines Versprechens entsann, den Wald im Rautal an das Kloster zu geben, bereute er es, den Wald so schnell weggegeben zu haben. Daher wurde das Tal nun „Reuetal" genannt, was sich später zu „Rautal" abgeschliffen haben soll.[74]

Die Margaretenhöhle im Rautal

Vor vielen hundert Jahren lebte auf der Eckartsburg bei Eckartsberga der Ritter Ehrich mit seiner einzigen Tochter. Ritter Ehrich war bei einem Kreuzzug zu großer Ehre gelangt, lebte aber später still und zurückgezogen auf seiner Burg. Dabei verband ihn mit Margarete, seiner Tochter, eine innige zärtliche Beziehung. Dieses glückliche Verhältnis zwischen der Ritterstochter und ihrem Vater schlug jedoch um, als der Graf von Orlamünde beim Ritter Ehrich um die Hand seiner Tochter anhielt.

Margarete war in treuer Liebe Konrad, einem Knappen ihres Vaters, ergeben. Der Vater, der davon nichts wußte, hatte dem vornehmen Freier von Orlamünde gern sein Jawort gegeben. Als Margarete nun bekannte, daß sie unwiderruflich dem Konrad verbunden war, geriet ihr Vater in maßlosen Zorn. Er verbannte seinen Knappen von der Burg und sperrte Margarete im Turm des Schlosses ein.

Konrad jedoch stieg nachts unter großer Gefahr in den Turm ein, um bei Margarete sein zu können. Schließlich beschlossen die beiden Verliebten zu fliehen. Eines Nachts befreite Konrad Margarete, und beide flüchteten in Richtung Jena von der Burg des hartherzigen Ritters. Auf ihrer Flucht gelangten sie bis in das Rautal. Dort fanden sie eine geeignete Wohnstätte, wo sie ohne Furcht bleiben konnten, in einer Höhle.

In dieser Höhle schenkte Margarete einem Knaben das Leben. Damit dieser nicht ungetauft bleiben mußte, wanderte Konrad bald nach der Geburt nach Frauenprießnitz. Dort bat er einen Pater, mit ihm in das Versteck zu kommen, um das Kind taufen zu lassen. Der Pater mußte schwören, nichts zu verraten. Der Burgherr in Eckartsberga hatte jedoch eine hohe Belohnung demjenigen versprochen, der das Versteck seiner Tochter ausfindig machen könne. So kam es, daß der Pater trotz seines Schwures nach Eckartsberga ging und dort den Aufenthaltsort der jungen Familie verriet. Der Ritter Ehrich zog daraufhin mit seinen Mannen ins Rautal. Dort wurde die Höhle umstellt. In seinem Zorn erschlug der alte Ritter Konrad und auch den Knaben. Seine entsetzte Tochter nahm er mit sich mit.

Margarete konnte all den Schrecken nicht verwinden. Nach einiger Zeit trieb sie eine unwiderstehliche Sehnsucht zur Stätte ihres kurzen Glücks und zum Grab ihres geliebten Konrads und ihres Kindes zurück. Dort wurde sie schließlich tot aufgefunden.

Am Johannistag, dem Todestag Konrads und des Knaben, soll man Margarete in der Nähe des Grabes sitzen sehen, wie sie dort Myrtenkränze windet. Die Höhle im Rautal kündet durch ihren Namen noch heute von dem schrecklichen Geschehen.[75]

Der Name Jenas

Einsam stand die Johanniskirche über dem dahinsprudelnden Wasser der Leutra, lange, bevor es den Ort Jena gab. Im Laufe der Zeit begannen sich Menschen in der Nähe der Kirche anzusiedeln. Immer mehr Häuser kamen dazu, und schließlich wurde es ein kleines Dorf. Da sich der Ort bei der Johanniskirche befand, nannte man ihn nach dem Schutzpatron der Kirche „Johannes".

Dieser Name schliff sich mit der Zeit ab, es wurde „Jehn" daraus, und später heißt der Ort „Jena".[76]

Während die Stadtwerdung Jenas aus den Urkunden des hohen Mittelalters erschlossen werden kann, ist die eigentliche Entstehung des Ortes im historischen Dunkel des frühen Mittelalters verborgen. In der ersten Hälfte des 9. Jahrhunderts wurde Jena neben dem Dorfe „Liuthraha" als „Jani" erwähnt.[77] In dieser Nennung des Hersfelder Zehntverzeichnisses werden beide Orte als Königsgut angesprochen. Neben jenem nach dem sauberen Wasser der Leutra genannten Dorf scheint Jani von zweitrangiger Bedeutung gewesen zu sein. So nimmt es nicht wunder, daß die erste Kirche der Gegend von den Missionaren in dem vor dem heutigen Johannistor gelegenen Leutra errichtet wurde. Vor diesem Hintergrund ist verständlich, daß die Sage auch den Namen Jenas mit der Johanniskirche in Zusammenhang bringen will, während heute eher an eine Herkunft aus der Feld- bzw. Weinwirtschaft (von Jân – Reihe) gedacht wird.[78]

Flurumzug

Von vielen Gemeinden ist bekannt, daß Flurumzüge veranstaltet wurden, in denen im Frühjahr oder Sommer die Gemeinde die Grenzen abschritt und damit gewissermaßen den eigenen Anspruchsbereich gegenüber Außenstehenden abgrenzte, daneben aber auch den Gemeindemitgliedern vor Augen führte. Für Jena ist der Weg eines solchen Umzuges aus dem Jahre 1536 überliefert.

Am Johannistag (24.6.) zog der Rat mit den ältesten Bürgern und Bürgersöhnen um den jenaischen Gerichtsbezirk. Vom Neutor aus ging es über die Rasenmühle bis zu einem Steinkreuz, dann über den „Steingraben", den „Sand" zum Steinkreuz zu Lichtenhain und zu dem „Alten Gericht am Ammerbacher Weg". Von dort ging es über die Gerichtsstätte, auf der ein Rad gestanden hatte, zum Tatzend und über den Heckenberg bis zur Quelle oberhalb der heutigen Papiermühle, die damals nach dem Berg mit der Lutherkanzel „Nasenborn" genannt wurde. Der Weg führte am Cospedaer Holz entlang und weiter über die Schlachtfelder bis zu einem Steinkreuz, das am Closewitzer Weg stand. Dann ging es hinunter ins Saaletal, in die Unteraue. Auf der Camsdorfer Brücke markierte ein weiteres Steinkreuz die Jenaer Gerichtsgrenze. Der letzte Teil des Weges führte durchs Paradies zum Ausgangspunkt am Neutor zurück.[79]

Des Zimmermanns Begnadigung

Zum früheren Jenaer Schloß gehörte ein hölzernes Gebäude, das „der Kornboden" genannt wurde. Die Errichtung dieses Kornbodens soll auf folgende Weise zustande gekommen sein:

Ein armer Sünder war gefangengenommen und eines schweren Verbrechens für schuldig befunden worden. Seine Tat sollte er mit seinem Leben bezahlen. Der Verbrecher ließ sich jedoch durch dieses harte Urteil nicht entmutigen. Keck behauptete er, ein Bauwerk ohne Nagel ausführen zu können. Diese Behauptung des verurteilten Zimmermanns ließ seine Richter aufhorchen, und man beschloß, ihn auf die Probe zu stellen. Sollte es ihm gelingen, ein Gebäude ohne einen Nagel – auch ohne einen solchen aus Holz – zu errichten, so würde ihm das Leben geschenkt werden.

Der Bau gelang. Der Zimmermann fügte das Werk ganz ohne Nagel zusammen. Als Kornboden konnten es die Jenaer in ihrem Schloß bewundern. Lange Zeit noch soll ein geschnitzter Holzkopf an der Hofseite des Kornbodens zu sehen gewesen sein, der zur Erinnerung an den verurteilten Zimmermann und die Rettung seines verwirkten Lebens bestimmt war.[80]

Der Poltergeist im Jenaer Schloß

Ein merkwürdiges Erlebnis widerfuhr einem Mann, der sein Nachtquartier über dem Marstall des Jenaer Schlosses genommen hatte. Als er eines Nachts im Bett lag, fing auf einmal im Stall unter ihm ein furchtbares Getöse an. Es kam ihm vor, als ob sämtliche Rosse durcheinandergejagt würden. Er wunderte sich sehr über den nächtlichen Lärm und bekam es allmählich mit der Angst zu tun. Doch der Lärm hörte nicht auf. Stattdessen kamen nun noch hastige, stolpernde Schritte auf der Treppe dazu, die immer näher kamen. Plötzlich tat sich die Tür auf und ein großer Mann trat ein – mit Wams und breit-

krempigem Hut, Stiefel und Sporen. Die Gestalt herrschte den tief erschrockenen Mann an: „Ich sage dir, wenn solche Unordnung noch einmal vorkommt, drehe ich dir den Hals um."

Nach diesem Erlebnis wurde der Mann krank. Im Stall aber fand man am anderen Morgen die Pferde mit den Schwänzen zusammengebunden vor.[81]

An der Nordostecke der Stadt befand sich seit dem 15. Jahrhundert das Jenaer Schloß. Einer Inschrift zufolge, die an einem 1659 abgerissenen Erker angebracht gewesen sein soll, wurde das Schloß im Auftrag des Herzogs Wilhelm III. von Sachsen 1471 errichtet.[82] Damit fiele der Schloßbau noch in die Zeit vor der wettinischen Landesteilung in die albertinische und die ernestinische Linie (1485/86)[83]. Nach Erweiterungen und Umbauten erlebte das Schloß seine Blütezeit, als Jena 1672–1690 Residenzstadt eines eigenständigen Herzogtums Sachsen-Jena war.[84]

An der Stelle des zuvor abgetragenen Jenaer Schlosses wurde 1908 das Universitätshauptgebäude errichtet.

Die Stimme

Das heutige Jena-Ost entstand aus den Siedlungen Camsdorf und Wenigenjena. Die Kirche von Wenigenjena, heute „Schillerkirche“ genannt, weil sich Friedrich Schiller in ihr mit Charlotte von Lengefeld trauen ließ, wurde lange vor dieser Zeit gebaut. Eigentlich sollte es ein großes stattliches Bauwerk werden. Doch dazu kam es nicht. Als der Bau begonnen und noch nicht allzuweit fortgeschritten war, ertönte eines Tages eine Stimme durch den Raum: „Der Platz für eine große Kirche ist viel zu klein“. Die Stimme erschreckte Bauleute und Bauherrn so sehr, daß man tatsächlich beschloß, den Bau zu stoppen. Nur ein notdürftiges Dach wurde der unvollendeten Kirche noch aufgesetzt.[85]

Sakrale Gebäude mögen wohl vornehmlich Stoff für Sagen geboten haben. Das gilt vor allem dann, wenn der Bauablauf gestört war, das Bauwerk Ruine wurde oder unvollendet blieb. Ursprünglich stand in Wenigenjena eine kleine Kirche, die sich schon 1307 urkundlich nachweisen läßt. Um 1400 begann man mit der Errichtung einer neuen Kirche, die sich durch Größe der Anlage und Qualität der Steinmetzarbeiten auszeichnete. Diese Arbeiten wurden jedoch bald unterbrochen. Gegen Ende des 15. Jahrhunderts versuchte man den Bau fortzusetzen, brachte es aber Anfang des 16. Jahrhunderts nur zu einer dürftigen Absicherung der Bauruine. Nach dem Einzwängen von Emporen im 17. Jahrhundert kam es erst 1828 zu einer Instandsetzung und 1902/3 zur Einwölbung des Chores und zur Sicherung des Bauwerkes.[86]

Die Nonne im Keller

Dienstleute des Burgkellers sind mehrfach von einer Erscheinung erschreckt worden. Der Burgkeller und die Stadtkirche waren nur durch eine schmale Gasse getrennt, und einer der Keller des Gasthauses reichte unter der Erde direkt bis an den Keller der Stadtkirche heran. Dort soll es eine Tür gegeben haben, in der von Zeit zu Zeit ein Gespenst in Gestalt einer Nonne erschien.

Leute, die in den Keller geschickt worden waren, kehrten bestürzt zurück, und viele weigerten sich, jemals wieder hinab zu gehen. Es gab in Jena jedoch eine alte Frau, die oft im Burgkeller war. Diese fürchtete sich nicht vor dem Gespenst, obwohl sie häufig die Nonne im Keller gesehen hatte. Die Frau erklärte sich bereit, zu solchen Zeiten, in denen die Nonne erschien, in den Keller zu gehen. Ja, sie nahm sogar Arbeit mit und saß oft stundenlang unten. Später erklärte sie, Freude am Anblick „ihrer“ Nonne zu haben, die stets in der Nähe der Tür blieb und fromm und demütig ausschaute.[87]

Das Gold
im Kirchenkeller

Einer Dienstmagd des „Burgkellers" erschien zweimal ein Gespenst in Gestalt einer Nonne. Das Gespenst winkte der Magd, mit ihm zu gehen und führte sie in die Tiefe des Kirchenkellers. Dort sah das Mädchen Gefäße stehen, die mit glänzendem Gold gefüllt waren. Der Anblick des Goldes verlockte die Magd so sehr, daß sie gierig in die Gefäße griff. Als die Nonne das sah, seufzte sie voller Kummer und sprach: „Nun bin ich wieder nicht erlöst". Dann verschwand die Erscheinung und ließ das erschrockene Mädchen allein zurück.[88]

Das sagenhafte Auftreten von Nonnen im „Burgkeller" dürfte auf das Zisterzienserinnen-Kloster zurückzuführen sein, das vom 14. bis zum 15. Jahrhundert seinen Platz hinter der Stadtkirche hatte. Das Kloster war sehr reich und spielte eine wichtige Rolle im geistlichen und wirtschaftlichen Leben der Stadt.[89] Im 15. Jahrhundert wurde es aufgelöst.

Die Erwähnung von Schätzen in der Sage rührt aber möglicherweise nicht von den reichen Nonnen her. Stattdessen könnte die Erinnerung an Schätze auf das sogenannte „Kastenhaus" zurückgehen. Dieses Haus grenzte von der Turmgasse, die den „Burgkeller" vom Stadtkirchenturm trennte, unmittelbar an das Gasthaus. Dort wurden noch im 17. Jahrhundert die Kollekten der Stadtkirche gezählt und aufbewahrt. Verantwortlich dafür waren die „Kastenherren". In der mündlichen Überlieferung könnten die Nachrichten vom „Kastenkeller" mit denen von den Schätzen des Klosters verschmolzen worden sein.[90]

Der Kobold im „Gelben Engel"

Die Wirtin im „Gelben Engel" – einem Gasthaus, das am Engelplatz stand – mußte eine Zeitlang mit einem Kobold zurechtkommen, der im Gasthaus sein Unwesen trieb. Wenn man vor den Neckereien und Plagen des Kobolds sicher sein wollte, mußte man seinen Wünschen nach Essen, Trinken, Kleidung und vielleicht auch nach etwas besonders Hübschem nachkommen, sonst gebärdete sich der Geselle unberechenbar. Die Gastwirtin versorgte ihn mit Bier, das damals nach „Stübchen" gemessen wurde. Jeden Tag bekam er seine Portion von einem halben Stübchen, dazu Fleisch und andere Kost. Einmal im Jahr legten ihm die Wirtsleute ein rotes Kleidchen hin. Durch dieses Entgegenkommen fühlte sich der Kobold offensichtlich wohl im Hause. Er hielt die Ställe rein und ließ das Vieh in Ruhe, brachte der

Wirtin manches zur Nahrung herbei und machte sich auf vielerlei Weise nützlich. Nur vergessen durfte man ihn nicht! Dann wurde er übel gelaunt und stiftete Unruhe.[91]

In der südlichen Vorstadt von Jena hatten sich zu Anfang des 15. Jahrhunderts Karmeliter-Mönche niedergelassen. Ihr Kloster wurde im Bauernkrieg 1525 geplündert und verwüstet. Auf dem Platz des Klosters wurde 1669 der Gasthof „Zum gelben Engel" eröffnet.[92]

Bauliche Reste des Gasthofes und des Klosters wurden erst Anfang der achtziger Jahre des 20. Jahrhunderts beseitigt.

Keulichte und Marterturm

Wenn man den alten Chronisten glauben darf, so hatten die Türme der Stadtbefestigung nicht nur wehrhafte Funktionen nach außen zu erfüllen. Zumindest zwei von ihnen sollen auch der Stadt als Gefängnis gedient haben.

Einer dieser beiden Türme ist der Pulverturm, der noch heute am Heinrichsberg zu sehen ist und wahrscheinlich der erste und trutzigste der Jenaer Stadtmauertürme war. Der untere Teil des Turmes, in dem sich offensichtlich das Gefängnis im tiefsten, engsten Raum befand, steckt heute weit unter der Oberfläche im aufgefüllten Gelände des Stadtgrabens. Zu dem finsteren Raum führte nur eine Falltür, das „Angstloch", durch welches die Gefangenen an Stricken heruntergelassen wurden. Der alte Name Keulichte oder Kaulichte ist möglicherweise auf dieses „Loch" zurückzuführen. Wohl erst später, als man Pulver und andere Munition dort eingelagert hatte, setzte sich der Name „Pulverturm" durch.

Zwischen dem „Roten Turm" und dem Saaltor (Kupferhütchen) befand sich an der Ostseite der Stadt ein kleiner Turm, der sogenannte Marterturm. Diesen Namen bekam der Turm, weil in seinen Mauern die Folter vollstreckt wurde.[93]

Galgen, Feuer, Schwert und Wasser

Die Annalen und die Chronik sind voll von Berichten über Verbrechen in Jena und deren überwiegend sehr harte Verfolgung. So stand solchen Vergehen wie Diebstahl, Ehebruch, Notzucht, Mord und Brandstiftung ein nicht minder grausames Repertoire an Todesstrafen gegenüber. Die hohe Gerichtsbarkeit mit Strafen des Leibes und des Todes – „Hals und Hand" – lag lange Zeit in den Händen der Feudalherren. Erst 1429 erhielt der Stadtrat die volle Gerichtsbarkeit übertragen.

Mörder und Aufrührer, aber auch Ehebrecher wurden mit dem Schwert hingerichtet. Als Richtplatz wird der Anger, aber besonders häufig der Markt genannt, dessen zentrale Lage die abschreckende Wirkung der Exekutionen gefördert haben soll.

1525 wurden dort Bürger und Bauern geköpft, die im Mai dieses Jahres an der Zerstörung und Plünderung des Karmeliterklosters (am Engelplatz) beteiligt gewesen waren. 1677 wurde ein Galgen auf dem Marktplatz errichtet. Nachdem im selben Jahr zahlreiche Rekruten ausgehoben worden waren, sollte am 30. Mai ein Deserteur an diesem Galgen sterben. Der Mann fand jedoch angesichts seines Weibes und einer Schar von acht Kindern Gnade, so daß ihm nur sein rechtes Ohr abgeschlagen und an den Galgen geheftet wurde.

Dieben drohte der Galgen. Ein armer Sünder, der eine Kuh und dreizehn Gulden gestohlen hatte, kam 1679 an den Galgen. Auf die Reue heischende Frage, ob er gerne sterben wolle, antwortete der wenig später Hingerichtete: „Ach, Herr Magister, was kann ich denn tun, muß ich denn nicht?"

Dem Gemeinwesen besonders gefährlich erscheinende Verbrecher – Brandstifter, Zauberer, Wahrsager und Falschmünzer – wurden mit Feuer und Wasser gerichtet. So wurde am 30. Mai 1659 ein Mann aus Wöllnitz bei Zöllnitz verbrannt, weil er beschuldigt worden war, in Wöllnitz ein Feuer gelegt zu haben, bei dem achtzehn Häuser in Schutt und Asche sanken. Auf dem Weg zum Scheiterhaufen beteuerte dieser noch immer seine Unschuld und drohte, zum Jüngsten Gericht die an seiner Hinrichtung Schuldigen anzuklagen. Da der Gerichtshalter an dem Ort, D. Behr, kurz danach starb, sorgten diese letzten Worte des auf dem Scheiterhaufen verbrannten Mannes für lebhafte Diskussionen.

1552 sollte Gertrud Gymann auf dem Steinweg in Jena wegen Zauberei verbrannt werden. Man begnadigte sie jedoch zum Tod durch Köpfen und verbrannte danach die Leiche. 1574 wurden zwei Falschmünzer – Andreas Stein aus Jena und der Goldschmied Joachim aus Erfurt – vor dem Saaltor verbrannt. 1541 endeten zwei Sulzaer Brandstifter auf dem Jenaer Scheiterhaufen. Noch Anfang des 19. Jahrhunderts mußte ein gefürchteter Brandstifter namens Rothas den Scheiterhaufen besteigen, nachdem die juristische Fakultät der Universität Jena sein Todesurteil verkündet hatte. Ein Bauersknecht aus Oßmaritz wurde 1626 beim Bruderhospital ersäuft, weil er seine schlafende Mutter mit dem Beil erschlagen hatte. 1666 wurde eine Frau aus Münchenroda bei Camsdorf in der Saale ertränkt, weil sie gemeinsam mit ihrem Liebhaber ihren Ehemann erdrosselt hatte. Im Jahre 1544 war sogar ein sechzehnjähriger Junge beim Bruderhospital ersäuft worden, weil er ein Haus in der Johannisvorstadt in Brand gesteckt hatte.[94]

Die Heiligen im Burgauer Gericht

Aus dem heutigen Stadtteil Burgau ist überliefert, wie im Mittelalter unklare Rechtsfälle gelöst werden konnten:

Klaus Sewald und Dietzel Mischefall waren Opfer eines Raubüberfalls geworden. Später hatten sie einen der Räuber erkannt, einen gewissen Hans Rabe. Dieser leugnete jedoch, und da er nicht auf frischer Tat gestellt worden war, stand Aussage gegen Aussage.

Eine dichte Schar von Männern stand auf dem Burgauer Schindanger, dem Gerichts- und Richtplatz, darunter die Schöffen, der Schultheiß, der Amtmann und der Vogt. Der Angeklagte Hans Rabe wurde gefragt, ob er bereit sei, sich durch einen Schwur von der Anschuldigung zu reinigen. Nachdem Rabe das bejaht hatte, wurden zwei Heiligenfiguren gebracht, die man auf dem freien Platz auf seidenem Tuch niederlegte. Neben einer entzündeten Kerze mußte nun Hans Rabe vor den Heiligen niederknien und bei diesen heiligen Eideshelfern schwören, die sündige Tat nicht begangen zu haben. Damit war er rechtlich frei.

Belegt ist die Anfrage des Amtsmanns Schicker, ob er die Reliquien aus Jenaprießnitz auf den Burgauer Schindanger tragen und dort einen Eid ablegen lassen soll.

Der in Burgau geübte Brauch wird auch in der „Stadt- und Universitätschronik“ bestätigt: „1529. Dieses Jahr ist der alte Gebrauch abgeschafft worden, da im Papstum Derjenige, so einen Eyd ablegen sollen, gewiße Heiligen auf den Schindanger tragen und also daselbst kniend und baarfüßig schweren müssen.“[95]

Der Kopf an der Löbderbrücke

Die Brücke am Löbdertor war zunächst aus Holz erbaut worden. Eines Tages wurde ein reicher, vornehmer Mann des Ehebruchs überführt, und die Richter verurteilten ihn zum Tode. Um sein Leben zu retten, bot der Verurteilte an, die Brücke am Löbdertor durch eine steinerne zu ersetzen, die er auf seine Kosten bauen lassen wollte. Daraufhin schenkten ihm die Richter das Leben.

Zum Andenken ließ der reiche Mann eine Nachbildung seines Kopfes an der Westseite der Brücke einmauern.[96]

Das Löbdertor war das südliche Tor der Jenaer Stadtbefestigung. Mit diesem und den beiden an der Ost-West-Fernstraße von Erfurt nach Altenburg gelegenen Toren (Johannistor und Saaltor) gehört Jena zu den seltenen Drei-Tor-Städten.

Das Löbdertor wurde 1319 erstmals erwähnt[97] und bereits im Jahre 1819 abgetragen.

Der Zankstein

Im Innern des Jenaer Rathauses befand sich früher auch die Rüstkammer der Stadt, die neben Kriegsgerät auch Gerichtswerkzeuge beherbergte – unter diesen einen merkwürdigen Stein mit folgender Aufschrift: „Verflucht sind die Katzen, die vorn lecken und hinten kratzen".

Dieser Stein soll der Bestrafung zanksüchtiger Frauen gedient haben. Frauen, die in dieser Weise schuldig geworden waren, bekamen einen eisernen Halsring angelegt, an dem der besagte Stein befestigt war. Außerdem mußten sie eine halbrunde Blechflasche mit sich tragen. So schwer der Stein auch gewesen sein mag, schwerer dürfte die Schande von Stein und Flasche für die armen Frauen gewesen sein.

In der Chronik der Stadt sind Beispiele für die Benutzung des Steines vermerkt: „1540, Dienstag nach Palmarum, mußten 2 Weiber, Käthe Franke und Bertha Rabe, den Stein auf dem Markte herumtragen wegen Scheltworten" und „1550... den 9. Juli mußten wegen Zänkerei Asmann Zeumers Eheweib und die schwarze Ursel den Stein auf dem Markt herumtragen."

Die Abbildung zweier Frauen auf dem Stein soll noch lange gezeigt worden sein.[98]

Opfer an der Camsdorfer Brücke

Für Jenas Lage an der West-Ost-Handelsstraße war die Errichtung einer Brücke über der Saale von entscheidender Bedeutung. Im Jahre 1480 wird sie als neue Brücke genannt, nachdem schon 1460 für den Neubau der Brücke gesammelt worden war.

Der schwärzeste Tag in der Brückengeschichte war wohl der 3. Februar 1637 gewesen. An diesem Tag befahl der schwedische Generalmajor Thurso Stahlhans, den äußersten in Richtung Camsdorf gelegenen Bogen der Brücke abzureißen. Bei dieser Arbeit gab es einen katastrophalen Unfall, der 36 Menschen das Leben kostete. Der Bogen konnte erst nach dem Ende des Dreißigjährigen Krieges dauerhaft wieder hergestellt werden, nachdem ein 1638 errichteter Bogen aus Holz bereits 1640 weggerissen und verbrannt worden war.

Zwei weitere Unfallgeschichten knüpfen an alte steinerne Platten an, welche an der früheren, 1912 abgerissenen Brücke angebracht waren. Die eine zeigte die Abbildung zweier Hufeisen und die Jahreszahl 1717. In diesem Jahr soll ein Pferd mit seinem Reiter von der Brücke in den Fluß gesprungen sein. Ein Korb, der in die andere Platte eingehauen war, erinnerte an den tragischen Sturz eines Dienstmädchens. Die beiden Initialen M. und H. standen für Elisabeth Maria Hüttich aus Isserstedt, die mit einem vollen Graskorb auf der Brücke ausgeruht hatte. Dabei soll sie hinabgestürzt sein, tags darauf einen toten Knaben zur Welt gebracht haben und danach selbst gestorben sein.[99]

Brückenbau und Kirchturmbau

Als die ehrgeizigen Bürger von Jena den Bau des Kirchturms und den der Saalebrücke in Angriff nehmen wollten, bestellten sie dazu zwei der besten Baumeister. So sollte es gelingen, der Michaeliskirche einen hohen Turm anzufügen und über die Saale einen sicheren und dauerhaften Brückenschlag zu spannen.

Beide Baumeister waren sich der großen Bedeutung ihrer Aufgabe bewußt und bedachten auch die Schwierigkeiten ihres Werkes. Gerade deswegen hielt jeder der Baumeister sein Werk für komplizierter und teurer.

Eines Tages, die Arbeiten an beiden Plätzen waren schon ein Stück fortgeschritten, gerieten die beiden Baumeister in Streit über die abzusehenden Kosten ihrer Bauwerke. Als der Kirchenbaumeister lächelnd den Brückenbau neben dem Generationen in Anspruch nehmenden Turmbau abwertete, entgegnete der Brückenbaumeister, daß er in der Lage wäre, für die Kosten des Brückenbaus einen Turm an die Kirche zu bauen, der dieser zur Ehre gereichen würde. Ein

Wort gab das andere, da rief der Kirchenbaumeister zornig aus: „Ob ich es erleben mag oder nicht, ich will meine Seele dem Bösen verschreiben, wenn der Kirchturm billiger als die Brücke werden sollte!"

Am nächsten Tag eilte die böse Kunde durch die Stadt: Der Baumeister des Kirchturms war vom Gerüst gestürzt und zu Tode gekommen.

Nach einigen Jahren wurde der Brückenbau beendet. Jahrzehnte dauerte es, ehe der Kirchturm fertig stand. Als nun die Kosten für beide Bauwerke abgerechnet wurden, zeigte sich, daß der Kirchturm gerade um einen Dreier billiger als die Brücke gebaut worden war.[100]

Der Turm der Stadtkirche und die steinerne Camsdorfer Brücke über der Saale bildeten jahrhundertelang die städtebaulichen Dominanten Jenas. Der Bau der Saalebrücke wurde seit dem Anfang des 14. Jahrhunderts ein dringendes Erfordernis des wachsenden Verkehrs. Zunächst wurde die Lache, der westliche Saalearm, überbrückt. Während erst die an der Lache gelegene Brückenmühle der Unterhaltung der Brücke diente, entstand im 14. Jahrhundert ein Brückenhof, der nicht allein die Funktion hatte, weitere Mittel zur Unterhaltung der Lachenbrücke zu beschaffen, sondern gleichzeitig auch der Vorbereitung des Baues einer Brücke über die Saale diente. Zu diesem Zweck wurde der Brückenhof mit verschiedenen Gütern und Stiftungen ausgestattet.[101]

1480 wird die neue Saalebrücke erstmals erwähnt, und von 1480 bis 1490 liegen mehrere Nachrichten zu den Baukosten vor.[102] *Der erste Stein zum Turm der Michaeliskirche wurde am 24. 7. 1474 gelegt.*[103] *Wie eine Inschrift an der Südseite des Turmes aussagt, konnte der zwischenzeitlich unterbrochene Bau 1486 wieder aufgenommen werden. Zu dieser Zeit wurden 200 Gulden für den Turmbau beschafft, indem Zinsraten aus den Einkünften der Kirche nach Erfurt verkauft wurden. Weitere Finanzgeschäfte für den Turmbau sind aus dem Jahre 1514 überliefert.*[104]

Zur Entstehung der Sage über den Streit der beiden Baumeister oder zu ihrer Übertragung aus anderen Orten (Saalfeld, Regensburg) nach Jena wird die hohe finanzielle Belastung der Stadt Jena durch die beiden Bauunternehmen, die zeitweilig parallel liefen, wesentlich beigetragen haben. Immerhin wurde der Brückenbau noch im 15. Jahrhundert fertiggestellt[105]*, während der Turm erst 1556 vollendet wurde.*[106]

Der Saalbader

In Jena, im Saaletal, lebte einst ein Bader, der hatte wie seine damaligen Berufskollegen nicht nur mit Bärten und sonstiger Kopfbehaarung zu tun, er war auch für die Körperpflege und für medizinische Behandlungen zuständig. Emsig ging er seinem Geschäft nach und kam in die Häuser seiner Kunden, um sie zur Ader zu lassen, Wunden zu verbinden, gebrochene Arme und Beine zu richten und zu schienen oder die Kunden einfach nur zu rasieren und ihnen den Bart zu schneiden. Doch trotz seines Fleißes wurden die Kunden immer rarer. Und daran war sein Mundwerk schuld! Ständig und bei jeder Gelegenheit plapperte der Bader über belanglose Dinge, und gar nicht so selten soll es vorgekommen sein, daß ein Kunde ihn, obwohl er seiner Kunst bedurfte, vor die Tür setzte, um dem unerträglich werdenden Fluß seiner Zunge zu entgehen. Doch all diese bitteren Erfahrungen halfen dem unglückseligen Bader nicht, seine Redelust zu bezähmen. Unbedenklich traktierte er die wenigen, ihm ausgelieferten Kunden und Patienten weiter mit seinem Geschwätz.

Dieser Bader hatte nun eine Tochter, die zu einem Mädchen von ausgesuchter Schönheit heranwuchs. Vielen Freiern mochte das Mädchen gefallen. Aber keiner konnte ihren Vater ertragen. So blieb des Baders Tochter ungefreit. Ihr trauriges Schicksal bestätigte den schlechten Ruf ihres Vaters. Die Geschichte von der Geschwätzigkeit des Vaters, die die Tochter zur ewigen Jungfrau verdammte, wanderte durch aller Munde. Und bald wurde jeder „Saalbader" genannt, der sinnlos daherredete.[107]

Der Begriff des „Salbaderns" und des „Salbaders" ist im deutschen Sprachschatz verbreitet und bis heute auch in Jena noch im Gebrauch. Er bezeichnet einen langweiligen, albernen Schwätzer, wobei oft der Nebensinn eines salbungsvollen, frömmelnden Tones unterlegt wird.[108]

Der Jenaer Chronist Adrian Beier gibt einen an der Mühllache wohnenden Bader namens Hans Kranich als Urbild des „Saalbaders" an, nach einer anderen Quelle habe ein Jenaer Bader zu der Begriffsschöpfung Anlaß gegeben, der die Gäste mit seinem Gerede über seine angeblich guten Weinberge ermüdete.[109]

Als wahrscheinlicher wird jedoch eine andere Deutung des Wortes angesehen: Im Mittelalter wurden häufig Stiftungen zu wohltätigen Zwecken ausgesetzt, um damit dem Seelenheil einer Familie oder Person zu dienen. Bader, zu deren Aufgabe neben der Körperpflege auch die Behandlung von Krankheiten gehörte, konnten in den Genuß einer solchen Stiftung kommen, wenn sie dafür unbemittelte Kunden versorgten. Diesen Badern hing bald der Begriff des „Seelbadens" an, der in doppeldeutiger Weise die Hilfe für den armen Kunden und die vermeintliche Läuterung der Seele des Stifters umschrieb. „Seelbader" könnte dann später zu „Saalbader" abgeschliffen worden sein – vielleicht im Zusammenhang mit einem prominenten „Seelbader", der tatsächlich an der Saale gewohnt hat.[110]

Der gefesselte Nackte

An einem Herbsttage des Jahres 1679 fand ein Bauer vor den Toren der Stadt einen nackten Menschen in halberfrorenem Zustand. Dem Ärmsten waren die Hände auf den Rücken gebunden, ein Knüppel dazwischen gesteckt und die Augen mit einem Tuch verbunden worden.

Nachdem er sich dank der Spenden mitleidiger Jenaer bekleiden konnte und seinen Körper etwas gestärkt hatte, konnte er vor Gericht aussagen, daß er Lorenz Rosenzweig heiße, aus Straßburg stamme und als Pastetenbäcker auf der Wanderschaft von Nürnberg nach Hamburg sei. Er berichtete, daß er am Abend Jena verlassen habe. Vor dem St. Jakobs Spital wäre er mit einem Fremden in ein Gespräch gekommen, plötzlich wären jedoch zwei andere herbeigekommen, die drei hätten ihn niedergeworfen, ausgeraubt, entkleidet und gefesselt. Unterdessen war ein Unteroffizier festgenommen worden, der zur fraglichen Zeit in der Gegend gesehen worden war. Allein, als man den Verdächtigen dem Opfer vorstellte, versicherte der Überfallene, daß dieser nicht bei den Tätern gewesen sei. Wenig später kamen zwei Studenten aus Naumburg und berichteten, daß ihnen drei verdächtige Burschen begegnet wären. Der Beraubte, der neben dem Verlust seiner Kleider auch den seines Degens und baren Geldes beklagte, wurde nach Vermögen beschenkt und dann auf seine weiteren Wege entlassen.

Ein dreiviertel Jahr später ging in Jena ein Brief aus Kassel ein, in dem mitgeteilt wurde, daß in Kassel ein gewisser Lorenz Rosenzweig völlig nackt aufgefunden worden war, der angab, ausgeraubt worden zu sein, was sich jedoch als Schwindel herausgestellt habe. Man wolle die Jenenser warnen, da dieser Rosenzweig entflohen sei.

Die Kasseler Neuigkeiten erregten natürlich die Jenaer Gemüter. Und dies um so mehr, als wenig später besagter Rosenzweig wieder in Jena auftauchte, ohne allerdings nackt oder beraubt zu sein. Als er vor die Behörden geladen wurde und den Kasseler Bericht vorgelesen bekam, gestand er endlich, daß er sich selbst gefesselt habe, um Mitleid zu erregen und Gaben zu erheischen. Außerdem gab er zu, den gleichen Trick auch in Eisenach, Altdorf und Kassel ausgeführt zu haben. Die weiteren Ermittlungen ergaben, daß Rosenzweig eigentlich Peter Weber hieß und nicht aus Straßburg, sondern aus Tübingen stammte. Vom Schauspiel des nackten Beraubten lebte er schon seit Jahren. Außer bei den gutgläubigen Jenensern hatte er das Mitleid der Bürger von Straßburg, Augsburg, Ulm, Dinkelsbühl, Nürnberg, Günzburg und Altdorf mißbraucht, bevor er in Kassel gescheitert war. In Tübingen selbst war er als loser Bursche bekannt, hatte aber auch dort sein Spiel schon erfolgreich aufgeführt.

Weber alias Rosenzweig wurde dazu verurteilt, öffentlich ausgestäubt zu werden. Auf dem Rücken wurde ihm das Zeichen des Galgens eingebrannt. Dann wurde er auf ewig des Landes verwiesen und ihm bei Rückkehr die Hinrichtung angedroht.[111]

Der Brückenspringer

Johann Christian Heinrich Hemmann, geboren 1828 in Camsdorf bei Jena, ist auf ganz besondere Weise in die Legendenwelt Jenas eingegangen: Er verdiente sein Geld – schon damals – durch die Sensationslust zahlreicher Menschen. Heute würde man ihn vielleicht „Artist“ nennen. Seine Bühne war die Camsdorfer Brücke. Von dort stürzte er sich zu angesagten Zeiten unter publikumswirksamen Salti oder dergleichen in die Fluten der Saale. Auftauchend zündete er dann einen schwimmenden Pechkranz an oder schoß eine Pistole ab, während seine hochbetagte Mutter oben auf der Brücke den mehr oder minder begeisterten Zuschauern den Obolus abnahm.

Tragischerweise wurde Hemmanns Geschäft eines schönen Tages durch einen jungen Bäckerburschen gestört, der Hemmann den Rang ablief, indem er auf der Brücke noch ein Gerüst errichten ließ, von dem er sich unter den allgemeinen Zustimmungsrufen des Publikums in den Fluß stürzte. Hemmann begegnete dieser Konkurrenz prompt durch eine nochmalige Steigerung des Nervenkitzels. Er ließ ankündigen, daß er seinen nächsten Sprung in Ketten gefesselt absolvieren werde.

Dies zeitigte die erhoffte Wirkung. Weit mehr Schaulustige als sonst drängten sich auf der alten Brücke, um den gefesselten Brückenspringer in die Tiefe sausen zu sehen. Hemmann hatte nicht gespart, um den Bedürfnissen seiner „Anhänger“ gerecht zu werden: 30 Pfund Ketten hatte er sich um Brust und Lenden gegürtet, eigens zu diesem Zweck aus der Brückenmühle geliehenes Material.

Schon als Hemmann die Brüstung der Brücke erstieg, war die Atmosphäre aufs Äußerste gespannt. Hemmann sprang und raste pfeilschnell in die Tiefe. Die Zeit, die er gewöhnlich unter der Wasseroberfläche blieb, um die Spannung zu steigern, verstrich. Das Wasser gurgelte still weiter. Dann schrie die alte Mutter: „Mein Sohn, mein Junge ist verunglückt, helft ihm, helft!“ Schleunigst wurde Gerät herbeigebracht und die Suche im Wasser aufgenommen. Doch man konnte den Hemmann nicht finden. Erschüttert entfernten sich die Zuschauer.

Am anderen Tag wurde der Brückenspringer gefunden. Die Ketten waren an seinem Körper heruntergerutscht, so daß er seine Beine nicht zu bewegen vermocht hatte. Unter Wasser konnte er sich nicht mehr von seiner tödlichen Last befreien. Seine Fingernägel waren total abgearbeitet. Offensichtlich hatte er noch versucht, auf dem Grunde rutschend, das Ufer zu erreichen.

Sein Schicksal ist im Totenbuch der Gemeinde Wenigenjena vermerkt: „Hemmann, Johann Christian Heinrich, weiland Johann Friedrich Christian Hemmanns, gewesenen Nachbars und Einwohners in Camsdorf nachgelassener ehelicher älterer Sohn, geboren am 9. Juni 1828 in Camsdorf, am 28. August 1859 ertrunken in der Saale bei der Brücke, von welcher herab er, mit Ketten angethan, Abends zwischen 7 und 8 Uhr vor dem schaulustigen Publicum gesprungen war. Den anderen Tag ist er früh herausgezogen worden."[112]

Der nackte Dieb auf dem Schornstein

Von einem alten Jenenser wurde folgende Begebenheit aus dem Jena der dreißiger Jahre unseres Jahrhunderts erzählt: Während das Sportfest der Firma Carl Zeiß die Einwohner der Stadt anlockte, benutzten zwei Spitzbuben die scheinbar günstige Gelegenheit, um in einem Tabakwarenladen in der unteren Lutherstraße einzubrechen und die Ladenkasse auszurauben. Als die beiden ertappt wurden, rissen sie aus. Einer rannte, was er konnte, die Lutherstraße hinauf, der andere nach unten. Letzterer suchte beim Café Wohlgezogen, dem heutigen Café „Kosmos", Versteck in einem Holzschuppen. Nach kurzer Zeit hatte man ihn jedoch gefunden.

Der so in die Fänge seiner Verfolger geratene Dieb war jedoch nicht bereit, sich selbst die Hoffnungslosigkeit seiner Lage einzugestehen. Der einzige unversperrte Fluchtweg führte ihn zu der nahen Esse des alten Heizhauses, die an die 20 Meter hoch gewesen sein soll. Er erkletterte die eiserne Leiter des Schornsteins und bewarf die ihm Nachfolgenden mit Eisenteilen, die er aus dem Bauwerk reißen konnte.

Inzwischen gab es einen Riesenauflauf von Neugierigen. Doch der Dieb war nach wie vor nicht willig, seine luftige Stellung aufzugeben.

Selbst als die Zeiß-Feuerwehr versuchte, ihn mit dem Wasserwerfer zum Absteigen zu zwingen, hielt er sich auf dem Schornstein.

Schließlich wurde unten angeheizt. Es dauerte nicht lange, bis sich der Schornstein zu erwärmen begann. Der Dieb entledigte sich nun, um der Hitze zu wehren, seiner Kleider: zuerst der Jacke, dann aber auch der Hose, bis er weitgehend nackt am Schornstein schmorte. In seiner Verzweiflung sprang er in die Tiefe, prallte auf das Holzdach des Schuppens und wurde von dort auf die Straße geschleudert. Als man seinen Körper aufhob, fand man ihn tot.[113]

Tragische Beschwörung

In einem Weinberg, oberhalb der ehemaligen Gaststätte „Lindenhof", stand früher ein stabiles Gartenhaus, das erst spät einer Erweiterung des Glaswerkes weichen mußte. In diesem Haus soll es nicht ganz geheuer gewesen sein. Es ging die Rede, daß der Teufel dort sein Unwesen triebe, und auch von einem Schatz wußte man zu berichten.

In der Christnacht des Jahres 1715 trafen sich der Student Weber und zwei Bauern in diesem Gartenhaus, um die Geister zu beschwören und um in den Besitz des sagenhaften Schatzes zu gelangen. Doch dieses Bemühen mußten die beiden Bauern mit ihrem Leben zahlen. Am anderen Morgen fand man sie vergiftet, und auch der Student hatte seine Gesundheit eingebüßt.

In der folgenden Nacht wurden die Leichen der beiden Bauern von drei Männern bewacht. Auch diese erkrankten, und einer von ihnen starb. Bald wurde gemunkelt, es wären Schwefel- und Höllendünste des Teufels gewesen, an denen die armen Opfer zugrunde gegangen waren.

Aller Wahrscheinlichkeit nach sind die drei Männer jedoch durch Kohlengas ums Leben gekommen. Ob das Räucherwerk oder andere Quellen das verhängnisvolle Gift entwickelten, läßt sich heute nicht mehr sagen.[114]

Jenaer Wein

Vor Jahrhunderten blühte vielerorts der Weinbau. Auch in Jena hat er eine lange Tradition. Doch der Ruf des Jenaer Weins muß im Laufe seiner Geschichte sehr gelitten haben. Denn nicht nur das Lied, auch die Geschichte berichtet voll Ironie über den Jenaer Rebensaft.

Eine Zeitlang soll der Wein so sauer gewesen sein, daß der Stadtrat um die Gesundheit der Weintrinker bangte. So wurde der Beschluß gefaßt, in jeder Nacht stündlich die Glocken zu läuten, um auch die stärksten Trinker aus ihrem Schlaf zu wecken. Dadurch sollten diese daran erinnert werden, sich im Bette zu wenden, damit der Wein in ihrem Magen keine Löcher in die Magenwand fressen könne. Durch diese Praxis sei der Name „Wendewein" für den Jenaer Wein gebräuchlich geworden.[115]

Spätlese vom Johannisberg

Auch am Johannisberg oberhalb von Lobeda soll noch vor 200 Jahren Wein angebaut worden sein. Der Weinberg gehörte dem Bischof zu Fulda, der einen Kellermeister beauftragt hatte, den Weinbau und die Weinernte zu leiten.

Als im Jahre 1775 der Wein zu reifen begann und abzusehen war, daß in den kommenden Tagen die Weinlese zu beginnen hatte, sandte der Kellermeister vom Johannisberg einen Brief an seinen Herrn nach Fulda und bat um die Erlaubnis, mit der Lese anzufangen. Als der Brief in Fulda eintraf, war der Fürstbischof gerade in Gesellschaft, und so steckte er den Brief des Kellermeisters in seine Tasche, ohne ihn gelesen zu haben. Später vergaß er den Brief. In Jena wartete man vergebens auf das Signal zum Beginn der Weinlese. Als die überreifen Früchte einige Tage später keine Geduld des Kellermeisters mehr zuließen, setzte dieser einen Expreßbrief nach Fulda auf, um die Bitte nach herrschaftlicher Erlaubnis zu erneuern. Der Bischof erhielt das Expreßschreiben kurze Zeit später, erinnerte sich an den ersten Brief und fand diesen tatsächlich noch in seinem Anzug. Eilends wurde ein Antwortschreiben mit der gewünschten Erlaubnis aufgesetzt. Das Schreiben erreichte den Kellermeister rund vier Wochen später, nachdem dieser seinen ersten Brief abgeschickt hatte.

Die Trauben am Johannisberg waren inzwischen matschig und faul geworden. Aber getreu der Order aus Fulda wurden sie geerntet und gekeltert. Als der Most zu Wein geworden war und verkostet wurde, entpuppte sich die Katastrophe der Johannisberglese als ein hervorragender Wein von völlig ungekannter Qualität. Seitdem gehören Spätlesen zum Besten, was Winzer bieten können.[116]

Der Thüringer Weinbau war im Mittelalter wesentlich weiter verbreitet als heute. Weinberge wurden schon 1182 bei Zwätzen und 1185 am Jenzig erwähnt[117] und sind in der Folgezeit, besonders im 15. bis 17. Jahrhundert, häufig belegt. Durch den Dreißigjährigen Krieg ging der Weinbau stark zurück und wurde schließlich über etliche Jahrzehnte im Jenaer Raum gar nicht mehr gepflegt. 1978 ist der Weinbau bei Zwätzen wieder aufgenommen worden.

Dr. Schurpfen im „Schwarzen Bären“

Das Hotel „Schwarzer Bär“ verdankt seine Berühmtheit u.a. den Aufenthalten, die Martin Luther, der große Reformator, dort gehabt hat. Am berühmtesten ist wohl der 22. August 1524 geworden, an dem Luther in diesem Hause mit Karlstadt, dem in Orlamünde predigenden Reformator, zusammentraf und eine stürmische Unterredung hatte. Eine andere, anekdotenhafte Beziehung Luthers zu dem Hotel verbindet sich mit zwei dort abgestiegenen Schweizer Studenten, die auf dem Wege nach Wittenberg, wo sie bei Luther die Heilige Schrift studieren wollten, in Jena übernachteten.

Johannes Reutiner und Johannes Keßler, Studiosi aus St. Gallen, wurden nach ihrer Ankunft im „Schwarzen Bären“ an einen Tisch geführt, an dem ein einzelner Mann saß, der sie, von seinem Buch aufschauend, freundlich begrüßte und sich als Dr. Schurpfen vorstellte. Der Mann verriet in seiner Kleidung mit Mütze, Hose, Wams und Schwert an der Seite den Ritter. Er lud die beiden Neuankömmlinge zum Wein ein und fragte sie nach dem Woher und Wohin. Als er hörte, daß die beiden Schweizer auf dem Weg nach Wittenberg seien, trug er ihnen Grüße an Martin Luther auf. Auch informierte er die

beiden Fremden über die dortigen Verhältnisse an der Universität und ließ sich seinerseits von deren Heimatuniversität Basel berichten. Auch fragte er sie, was in ihrer Heimat von Luther gehalten werde.

Da den beiden Studenten die Gelehrtheit des Mannes nicht so recht mit seinem Äußeren zusammenzupassen schien, fragten sie den Wirt nach dessen Namen. Der antwortete lachend, es sei Luther, was die beiden natürlich für einen Scherz hielten. Als sie schließlich in Wittenberg ankamen und die Grüße Dr. Schurpfens bei Luther überbringen wollten, war Luther es doch, der sich mit ihnen im „Schwarzen Bären" unterhalten hatte. Der Spaß war komplett, und die Schweizer wurden in Luthers Wittenberger Runde eingeführt.[118]

Professor „Viereck"

Als Jenas Stadtmauer noch ringsum geschlossen und die Tore mit Wachen besetzt waren, soll es an der Universität einen Professor namens Vieregg gegeben haben. An schönen Sommerabenden – so heißt es – sei er mit Kollegen und Studenten nach Zwätzen gezogen, um in der „Blauen Weintraube" Karten zu spielen. Da er in der Regel verlor und zahlen mußte, war er sehr beliebt bei seinen Mitspielern.

Nach einer solchen Runde verabschiedeten sich seine Mitspieler einmal mit dem Hinweis, noch arbeiten zu müssen und eilten dem alten Professor voraus den Toren der Stadt zu. Doch verabredungsgemäß kamen die Studenten nicht gleichzeitig an der Zwätzenpforte an. Der Wachhabende, der die Passierenden nicht kannte, vermerkte 7.05 Uhr in seinem Buch: „7.05 abends passiert der Studiosus Eck". Auch als er 7.10 Uhr den Studenten Zweieck passieren ließ, schien er nichts Besonderes dabei zu finden. Das Erstaunen über Zufälle wich jedoch um 7.15 Uhr erheblichem Mißtrauen, als der Student Dreieck passieren wollte. Erst nach Diskussionen und den unter harmloser Miene vorgebrachten Beteuerungen und Entschuldigungen des Studenten Dreieck, daß er doch schließlich nichts für den Namen seines Vaters könne, ließ der Wachposten ihn endlich mit erhobenem Zeigefinger in die Stadt hinein. Der würdige ältere Herr, der gegen

7.30 Uhr am Tor anlangte und sich Vieregg nannte, wurde jedoch von dem erzürnten Posten festgenommen. Boten wurden zum Wachvorgesetzten und in die Stadt geschickt. Erst als Frau Professor Vieregg herbeigeholt worden war und den Arrestanten eindeutig als ihren Gatten identifiziert hatte, wurde dem so Gefoppten die Freiheit zurückgegeben.[119]

Goethe als Einbrecher

Als Staatsminister in Sachsen-Weimar war Goethe auch für die Belange der Jenaer Universität zuständig. Eines Tages dachte er über die Erweiterung der Universitätsbibliothek nach, deren Bestände laufend wuchsen, für die aber kein Neubau finanziert werden konnte.

Goethe beschloß, die Bibliothek in einen Saal auszudehnen, der unmittelbar an die Bibliothek grenzte und nur selten benutzt wurde. Dieser Saal gehörte der medizinischen Fakultät. Die Herren Professoren hatten jedoch wenig Neigung, der höflich vorgetragenen Bitte Goethes zum Abtreten dieses Raumes zu entsprechen, und als Goethe hinschickte und um den Schlüssel bat, wurde ihm mitgeteilt, er sei im Moment nicht zu finden.

Da entschloß sich Goethe, heimlich von dem Saal Besitz zu ergreifen. Er ließ einen Maurer kommen und die Wand zum Saal der Mediziner durchbrechen. Als die Öffnung groß genug war, begannen die Bibliotheksleute, Bücher hinein zu schaffen. Nach wenigen Tagen war der Saal als Magazin hergerichtet.

Als einige Zeit später die Mediziner eine Versammlung in ihrem Saal abhalten wollten, staunten sie nicht schlecht, als sie ihn so verändert vorfanden. Doch sie mußten sich in die neuen Verhältnisse fügen, zumal der Herzog Goethes Einbruch abgesegnet hatte.[120]

Kreußlersche Fechtstreiche

Der alte Wilhelm Kreußler hatte seinerzeit das Fechten bei den Marksbrüdern in Frankfurt gelernt und später die deutsche Stoßfechtkunst begründet. Fechter aus Jena wurden auch im Ausland und bis nach Paris berühmt.

Auch ein Enkel dieses Wilhelm Kreußler, Johann Wilhelm Kreußler mit Namen, war ein großer Fechter. Als Schulmeister verkleidet ging er auf den Fechtboden nach Dresden und überwand dort zu aller Überraschung zuerst alle Pagen und dann die Fechtmeister.

Als August der Starke von diesem Schulmeister vernahm, trat er selbst gegen ihn an. Schließlich mußte aber auch der König ausrufen: „Schwarzer Kerl, du bist Kreußler aus Jena oder der Teufel!" Sein Widerpart antwortete darauf: „Der erste in Person, Ihro Majestät zu dienen!"

Der Apfel fällt nicht weit vom Birnbaum, und so nimmt es nicht wunder, daß auch der Sohn Johann Wilhelms schon in jungen Jahren ein Fechtgenie war. Eines Tages nun beschloß er, sich mit seinem Vater zu messen. Er stellte sich am Abend, als wolle er frühzeitig schlafen gehen, schlich sich dann mit Hut, Mantel und Degen auf die Straße und rief mit verstellter Stimme: „Heraus, alter Kreußler, wenn du Herz hast! Hier ist einer, der's mit dir aufnimmt!" Der Vater focht mit ihm, rief aber schon nach ein paar Gängen: „Alle Teufel, so ficht doch nur ein Kreußler! Heinz, unverschämter Junge, willst du zu Bette!"[121]

„Philister"

Aus Jena stammt der Brauch, die Bürger der Universitätsstadt „Philister" zu nennen. Den Anlaß dazu soll ein Ereignis am Johannistor gegeben haben.

Das Verhältnis zwischen Studenten und Jenaer Torwachen war öfter gespannt. Eines Tages fand sich eine Gruppe von Studenten, die

die Wächter des Johannistores als „Affenwächter“ bezeichneten, auf die steinernen Figuren an den Ecken des Turmes damit anspielend. Die Wachen waren beleidigt und rächten sich, indem sie einen blutigen Streit vom Zaune brachen, bei dem ein Student getötet wurde, der eigentlich unbeteiligt gewesen war. Bei der Leichenfeier hielt der Superintendent Götze eine Predigt über den Text „Philister über dir, Simson!“ Seit dieser Zeit wurde der Name „Philister“ gebräuchlich.

Nach einer anderen Version war ein Streit im Gasthof „Zum gelben Engel“ der tragische Ausgangspunkt für die Namensgebung. Der Tod eines Studenten sollte danach für Götze Anlaß gewesen sein, die Schriftstelle „Philister über dir, Simson!“ am kommenden Sonntag von der Kanzel herab zu zitieren. Noch am selben Abend seien dann die Studenten durch die Jenaer Gassen gezogen und hätten laut geschrien: „Philister über dir, Simson!“, wonach der Name „Philister“ den Bürgern der Stadt anhaftete.[122]

Der spukende Gelehrte

Es geht die Sage, daß einmal der Geist eines berühmten Gelehrten nach dessen Tode umging, um die Menschen zu necken und zu erschrecken. Die Haushälterin des verstorbenen Gelehrten hörte eines Abends im Gang des Hauses hinter sich ein Geräusch. Als sie sich umwandte, sah sie voll Entsetzen den Toten mit Schlafrock und Perücke daherkommen. Er ging an ihr vorüber und auf die Tür der seit seinem Tode verschlossenen Stube zu. Der armen Haushälterin schwanden die Sinne, und mit einem lauten Schrei stürzte sie ohnmächtig zu Boden.

Im Hause des Gelehrten wohnten viele Studenten. Einer dieser Studenten hatte ein Auge auf die Bücher des Verstorbenen geworfen und trachtete danach, diese an sich zu bringen. Da die Studierstube des Gelehrten, in der die Bücher aufbewahrt wurden, verschlossen war, entschied sich der Student dafür, durch den Kamin einzudringen, um die Bücher zu stehlen. Doch als er die Tür des Kamins öffnete, um das Zimmer zu betreten, erschrak er fürchterlich. Am Schreibtisch sah er den Toten sitzen und arbeiten. Wie die Haushälterin stieß er beim Anblick des Gespenstes einen Schrei aus und blieb halbtot liegen. Nachdem er wieder zur Besinnung gekommen war, gestand er seine räuberische Absicht und erzählte von seinem merkwürdigen Erlebnis.[123]

Herzog von Lichtenhain auf der Jagd

Zu Zeiten der studentischen Verbindungen hatte jede von diesen eines der um Jena liegenden Dörfer zu „ihrem“ Bierdorf erkoren. Die Dörfler rechneten sich diesen Umstand zumeist als Ehre an und tolerierten deshalb auch die manchmal recht derben oder tollkühnen Scherze der Bier liebenden Studiosi. Die Studenten ihrerseits waren stolz auf ihr Bierdorf. Der Erste der nach Lichtenhain gehörenden Studentenverbindung nannte sich sogar Herzog von Lichtenhain.

Eben dieser „Herzog“ liebte die Jagd, ohne selbst im Recht auf diese zu sein. So pirschte er in den Lichtenhainer Wäldern, die damals dem Herzog von Meiningen gehörten, gelegentlich auf Rehböcke. Die geduldigen Bewohner erstatteten jedoch keine Anzeige gegen ihn. Eines Tages aber begegnete dem jagenden „Herzog“, während er mit geladener Flinte auf einen Bock aus war, der zuständige meiningische Förster. Als dieser den Wilderer stellen wollte, warf der Student ihm einen vernichtenden Blick zu und rief: „Kennen Sie den Herzog von Lichtenhain nicht!“ Die selbstbewußte Haltung brachte die erhoffte Wirkung. Der Förster schlug die Hacken zusammen, salutierte und ging seiner Wege.

Immerhin mußte der Vorfall dem Förster im nachhinein doch etwas seltsam vorgekommen sein, denn er erstattete eine Meldung, die bis zum Oberjägermeister nach Meiningen gelangte, der zufällig – ebenso wie sein Herzog Georg – in Jena studiert hatte. Er legte dem Herzog die Meldung vor, und der Herzog entschied sich, den Fall selbst zu erledigen. Wenig später traf bei dem Ersten der genannten Jenaer Verbindung ein Brief mit großem herzoglichen Siegel ein.

„An Seine Hoheit den Herzog von Lichtenhain in Jena,

Eure Liebden

haben, wie Mein Jagdpersonal Mir berichtet hat, in Meinen Forsten zu Lichtenhain zu jagen geruht. So hohe Ehre dies für Mich ist, bitte ich dennoch Eure Liebden, hinfüro in hochderen eigenen Forsten jagen zu wollen. Ich verbleibe

Eurer Liebden freundwilliger Vetter

(gez.) Georg
Herzog von Meiningen.“[124]

Des Esels Relegierung

Im Januar 1619 versuchte ein Student, die alte Inschrift am Roten Turm zu entziffern, die aus dem Jahre 1430 stammt. Bei dieser Beschäftigung stieß ihn ein beladener Esel an, so daß der arme Student in den Stadtgraben stürzte, der sich damals vor dem Turm erstreckte. Die einen behaupteten, er habe sich bei diesem Sturz den Hals gebrochen, andere meinten, er sei mit dem Schrecken davon gekommen. Übereinstimmend wurde jedoch berichtet, daß man den Esel für seine schändliche Tat zur Verantwortung gezogen habe. Für 99 Jahre wurde er relegiert, mußte die Stadt verlassen und sich außerhalb ihres Weichbildes führen lassen.[125]

Diogenes von Wöllnitz

Der Pedell Kahle war der gefürchtetste Aufsichtsbeamte der Jenaer Universität. Eines Tages sollte in Wöllnitz ein Duell ausgefochten werden. Doch als schon alles vorbereitet war, stürzte auf einmal der Wirt aus dem Hause und warnte die Sekundanten vor dem herannahenden Kahle.

Kahle hatte sich inzwischen herangeschlichen. In einer großen Biertonne, die mit ausgeschlagenem Boden auf der Straße zum Auspichen lag, hatte er sich ein Versteck gesucht, von dem aus er das Geschehen gut verfolgen konnte.

Nach anfänglicher Bestürzung schlich sich einer der Sekundanten – ein baumlanger Kerl – an das Versteck des Pedells heran und kehrte das Faß mit einem Ruck um. Schnell eilten die anderen hinzu und packten Steine und Holz auf das Faß, so daß der Pedell hilflos gefangen im Dunkeln saß. Kahle konnte nach der Eröffnung des Duells das Klirren der Waffen wohl hören. Zu sehen bekam er aber nichts. Erst als das Duell beendet, die Waffen beiseite geschafft, die Blutspuren beseitigt und die Wunden bepflastert waren, befreite man den Pedell aus seiner Tonne, wobei man ihn mit dem Jubelruf „Diogenes" begrüßte.

Fortan konnte der scharfe Kahle sich seines neuen Namens nicht mehr entledigen. Wo er auch aufkreuzte, empfing ihn der Ruf „Diogenes“. Vor allem in den Wirtshäusern, in denen er sich doch gern aufhielt, entging er niemals seinem Spottnamen. Und so soll sich der verbitterte Pedell schließlich aus lauter Verzweiflung sogar das Trinken abgewöhnt haben.[126]

Zur Aufrechterhaltung von Disziplin und Ordnung wurde an der Universität eine eigene akademische Gerichtsbarkeit ausgeübt. Der wichtigste Diener dieser Ordnung war der Pedell. Der Begriff des Pedells bezog sich ursprünglich allgemein auf einen Gerichtsboten, später auf den Boten des Universitätsgerichtes. Bei Verstößen gegen die akademischen Gesetze drohten den Studenten Geld- und Arreststrafen (Karzer) und in schweren Fällen die Relegation, d. h. die Verweisung von der Universität.[127]

Ein einzigartiger Fund

Friedrich Klopfleisch hat sich als Begründer der Heimatarchäologie einen Namen gemacht. Er verstand es, die Bauern der Jenaer Umgebung für seine Wissenschaft zu interessieren, und so wurde ihm manch wichtiger Fund bekanntgemacht.

Eines schönen Sommertages war seine Vorlesung trotz des angenehmen Wetters ungewöhnlich gut besucht. Professor Klopfleischs Glück war komplett, als es mitten in der Vorlesung klopfte und ein Bauer hereintrat, der offensichtlich direkt vom Acker kam. Der Bauer entschuldigte sich für die Störung und begründete deren Dringlichkeit damit, daß er beim Pflügen auf etwas Interessantes gestoßen wäre.

Klopfleisch brach darauf – wie gewöhnlich in solchen Fällen – die Vorlesung ab und lud Interessenten aus dem Auditorium ein, ihn auf der notwendigen Ausgrabungsexkursion zu begleiten. Zu seiner Überraschung folgte die gesamte Hörerschaft, während sonst nur wenige Studenten – „Schuster" genannt – ihn bei solchen Ausgrabungen begleiteten, die sich so bessere Chancen auf eine gute Examensnote ausrechneten.

Nach einer Stunde Fußmarsch wurde unterhalb des Dorfes Closewitz an der von dem Bauern bezeichneten Stelle vorsichtig das Erdreich sondiert und schließlich ein Erdklumpen, in dem ein Fundstück blitzte, herausgeholt. Nachdem man den gefundenen Gegenstand sorgfältig mit Spatel, Bürste und Pinsel vom Erdreich befreit hatte, entpuppte sich das Fundgut als ein Pfeifenkopf aus Porzellan, wie man sie damals „zur freundlichen Erinnerung" zu schenken pflegte. Das gefundene Stück enthielt jedoch eine einzigartige Inschrift: „C. IVL. CAESAR/CARISSIMO SVO/FR. KLOPFLEISCH/ANNO ANTE/CHRISTUM NATVU/XLIV imo/ –z. frdl. Erg. –", zu deutsch: Gajus Julius Caesar seinem hochgeschätzten Klopfleisch im Jahre vor Christi Geburt vierundvierzig zur freundlichen Erinnerung.

Angesichts dieser Ehrung kam Klopfleisch nicht umhin, im nächsten Dorfgasthof alle Exkursionsteilnehmer einzuladen.[128]

Die Münzkrise

Ein junger Student namens Lutterkorth war durch den frühen Tod seines Vaters unverhofft zu Reichtum gekommen. Da ihm das studentische Leben in Jena gefiel, entschloß er sich, ewiger Student zu werden. Seinen Ehrgeiz richtete Lutterkorth nun weniger auf die Wissenschaft als darauf, originelle Streiche auszuhecken.

Eines schönen Tages setzte er in der „Jenaischen Zeitung" eine Anzeige auf, daß er für 25 10-Pfennig-Stücke und für Fünfer und Kupfermünzen im Wert von 2,20 Mk. einen Taler bezahlen wolle. Diese Anzeige hatte durchschlagenden Erfolg. Alle kleinen Leute Jenas, Handwerker und Krämer rannten Lutterkorth die Tür ein, um ihr Kleingeld gegen schöne blanke Taler zu tauschen. Doch es dauerte gar nicht lange, bis in Jena Handel und Wandel ins Stocken gerieten. Überall fehlte das Kleingeld. Es mußte geborgt oder nach oben aufgerundet werden, weil keiner mehr die großen Münzen wechseln konnte. Der ewige Student hatte inzwischen all das Kleingeld in leere Wein- und Seltersflaschen gesteckt: für 3000 Taler soll er Flaschen gefüllt haben. Als die Behörden schließlich auf Lutterkorth aufmerksam wurden, machte dieser sich mit ein paar Freunden aus dem Staube.

Die zahlreichen Kleingeldflaschen wurden verladen, und die Studenten kleideten sich in orientalische Gewänder. So reiste Lutterkorth durch Süddeutschland bis in die Schweiz und gab sich als orientalischer Prinz aus. Die lokale Presse berichtete über den freigiebigen exotischen Gast, der zudem größtes Aufsehen erregte, weil er stets nur in kleiner Münze zahlte, die er noch dazu in Flaschen aufbewahrte. Es dauerte nicht lange, bis sich ein Gießener Orientalist zu Wort meldete, daß dies nicht allgemein morgenländischer Brauch sei, doch daß der Ursprung dieser Sitte wohl in Turkestan zu suchen sein müßte. Endlich drang die Kunde vom Flaschen-Prinzen auch bis nach Jena, wo schließlich in der „Jenaischen Zeitung" gemutmaßt wurde, daß die Flaschenportemonnaies nicht orientalisch, sondern Jenaer Weinflaschen seien und die ganze Perserreise nichts weiter als ein Jenaer Studentenulk wäre.[129]

Anmerkungen

1 nach A. Witzschel (1866/78), I, Nr. 242; L. Ehrhardt, G. Fischer (1975); P. Quensel (1926); K. Brüger, O. Götze
2 nach R. Zwetz (1909–20); R. Zwetz (1891)
3 M. Platen, R. Schaefer (1978); K. Simon: Alt Thüringen 20 (1984), 23
4 B. Schmidt: Ausgrabungen und Funde 21, 1–4 (1976), 128
5 A. Beier (1673), 243
6 Autorenkollektiv: Deutsche Geschichte Bd. 1 (Berlin 1982), 370
7 nach A. Witzschel (1866/78), II, Nr. 129; P. Quensel (1926); V. Lommer (1911)
8 L. Hertling: Geschichte der katholischen Kirche (Leipzig 1983); H.-J. Weisbender: Heilige des Regionalkalenders, I (Leipzig 1983)
9 nach G. Vetz (1925); V. Lommer (1911)
10 M. Platen, R. Schaefer (1978); vgl. K. Moszner: Die Wasserburg Kapellendorf (3. Aufl. Weimar 1977)
11 vgl. A. Beier (1673), 243
12 vgl. I. Traeger (1988), 24
13 nach V. Lommer (1911)
14 nach V. Lommer (1911)
15 nach R. Zwetz (1891); vgl. V. Lommer, in: Altes und Neues aus der Heimat (1909–20), 8
16 nach Reinecke (1844); vgl. R. Zwetz (1891)
17 nach R. Zwetz (1891); vgl. A. Beier (1673), 403
18 nach A. Köhler: Sagen – Cyklen (Jena 1844); vgl. A. Witzschel (1866/78); Die Vorzeit (Erfurt 1817), 1. Bd., 99
19 nach L. Ehrhardt; G. Fischer (1975)
20 nach R. Zwetz (1909–20)
21 H. Paul: Deutsches Wörterbuch (Halle 1897), 97 und 467
22 vgl. z. B. P. Quensel (1926); K. Brüger; O. Götze
23 vgl. z. B. P. Quensel (1926); L. Ehrhardt; G. Fischer (1975); E. Schneider (1964); K. Seesemann: Wartburg – Herold (Weimar 1896), Nr. 2 und 3, 38 und 56
24 vgl. Gestalt der Quellnymphe in der Saale-Sage, in: L. Ehrhardt; G. Fischer (1975)
25 vgl. z. B. Flachsknotten-Sagen: R. Linge: Der Hahn auf dem Kirchturm (Leipzig 1978), 286; J. Czerney; P. Unger: Gelb blüht die Wunderblume (Arnstadt 1987), 72 (Heft 8, Beitr. z. Heimatgeschichte der Stadt und des Kreises Arnstadt)
26 z. B. Gestalt der Frau Holle, Perchta (P. Quensel 1926)
27 nach R. Zwetz (1891); vgl. R. Zwetz (1909–20); K. Kasch (1986)
28 nach L. Ehrhardt; G. Fischer (1975); K. Kasch (1986); A. Witzschel (1866/78), II, Nr. 126

[29] vgl. K. Kasch (1986), Kap. XVI, 31–36 (Sage nach Chr. A. Vulpius) und Erläuterungen, S. 37–39
[30] A. Beier (1673), 492
[31] nach G. Bechert (1967); L. Ehrhardt; G. Fischer (1975)
[32] persönlich mitgeteilt von Alfred Lammert, Milda (1988)
[33] nach: Altes und Neues aus der Heimat (1934–36), 128
[34] nach A. Witzschel (1866/78), II, Nr. 128
[35] nach A. Witzschel (1866/78), I, Nr. 243
[36] nach A. Witzschel (1866/78), II, Nr. 132
[37] P. Schröder: Deutsche Rechtsgeschichte (Berlin/Leipzig 1922)
[38] vgl. z. B. P. Quensel (1926)
[39] P. Schröder: Deutsche Rechtsgeschichte (Berlin/Leipzig 1922)
[40] nach C. Schreiber; A. Färber (1858)
[41] nach A. Witzschel (1866/78), I, Nr. 238/11; vgl. auch P. Quensel (1926); L. Ehrhardt; G. Fischer (1975)
[42] nach A. Witzschel (1866/78), I, Nr. 238/5; P. Quensel (1926); L. Ehrhardt; G. Fischer (1975)
[43] nach A. Witzschel (1866/78), I, Nr. 238/1, 2, 9, 10
[44] nach A. Witzschel (1866/78), I, Nr. 238/7, 8, 10
[45] nach A. Witzschel (1866/78), I, Nr. 238/6
[46] nach A. Witzschel (1866/78), I, Nr. 238/4
[47] nach A. Witzschel (1866/78), II, Nr. 131
[48] C. Schreiber; A. Färber (1858), 202, 203, 331; M. Schmeizel (1908), 50, 176
[49] nach H. Döring (1841); F. Thieme: Altes und Neues aus der Heimat, Nr. 10 (1921)
[50] M. Platen; R. Schaefer (1978)
[51] vgl. J. Grimm; W. Grimm: Deutsches Wörterbuch, Bd. 7 (Leipzig 1889)
[52] H. Rosenkranz (1989), frdl. Mitteilung
[53] H. Walther: Namenkundliche Beiträge zur Siedlungsgeschichte des Saale- und Mittelelbegebietes bis zum Ende des 9. Jahrhunderts (Berlin 1971), 226
[54] A. Beier (1673), 359
[55] nach A. Witzschel (1866/78), I, Nr. 244; L. Ehrhardt; G. Fischer (1975)
[56] nach A. Witzschel (1866/78), II, Nr. 127; P. Quensel (1926); L. Ehrhardt; G. Fischer (1975)
[57] P. Ammer: Mitteilungen d. Vereins f. Gesch. u. Altertumskunde zu Kahla und Roda 7,1 (1909), 89; vgl. K. Seesemann (1896); P. Quensel (1926); L. Ehrhardt; G. Fischer (1975); E. Schneider (1964); V. Lommer: Mitteilungen d. Vereins f. Gesch. u. Altertumskunde zu Kahla und Roda 6,2 (1904), 114
[58] nach E. K. Wenig (1967); L. Ehrhardt; G. Fischer (1975)
[59] nach O. Ratz: Altes und Neues aus der Heimat (1909–20), 214; vgl. A. Witzschel (1866/78), I, Nr. 241

60 UB Jena, II, Nr. 252, 331
61 UB Jena, II, Nr. 503
62 nach R. Zwetz (1909–20)
63 vgl. E. K. Wenig (1967)
64 J. Siemroth (1977), frdl. Hinweis
65 nach O. Ratz: Altes und Neues aus der Heimat (1909–20), 215
66 vgl. K. Trautermann: Wüstungen um Weimar, in: Neue Beiträge zur Geschichte der Stadt Weimar (1934); O. August; O. Schlüter: Mitteldeutscher Heimatatlas (1959); H. Apel: Wüstungen im Amt Jena, in: Thüringer Fähnlein (1941); O. Ratz: Altes und Neues aus der Heimat (1909–20), 217
67 UB Jena, II, Nr. 170
68 UB Jena, II, Nr. 829, 921
69 nach O. Ratz: Altes und Neues aus der Heimat (1909–20), 215
70 nach O. Ratz: Altes und Neues aus der Heimat (1909–20), 217; W. Kreidner (1989), frdl. Hinweis
71 H. Deubler; R. Künstler; G. Ost: Steinerne Flurdenkmale in Ostthüringen (Gera 1976)
72 nach O. Ratz: Altes und Neues aus der Heimat (1909–20), 217
73 nach A. Witzschel (1866/78), II, Nr. 130; F. Jansa: Kultur und Heimat 6 (Juni 1960), 276
74 nach H. Apel: Altes und Neues aus der Heimat (1927–30), 52; R. Zwetz (1891); vgl. R. Kallies: Thüringische Landeszeitung vom 27. 2. 1988
75 nach Altes und Neues aus der Heimat (1923), Nr. 3; F. Thieme: Altes und Neues aus der Heimat (1924), Nr. 8; L. Ehrhardt; G. Fischer (1975)
76 nach R. Zwetz (1891)
77 G. Thieme: Wissenschaftliche Zeitschrift Univ. Jena, Gesellschaftswiss. Reihe 34, 5/6 (1985), 539; M. Platen (1985)
78 O. Mühlmann: Die Wigbert-Kirche zu St. Johannes in Jena (Manuskript, o. O., o. J.); vgl. H. Rosenkranz: Ortsnamen des Bezirkes Gera (Greiz 1982), 17; E. Eichler; H. Walther: Städtenamenbuch der DDR (Leipzig 1986), 141
79 nach C. Schreiber; A. Färber (1858); vgl. H. Deubler, R. Künstler, G. Ost: Steinerne Flurdenkmale in Ostthüringen (Gera 1976); UB Jena, II, Nr. 665
80 nach C. Schreiber; A. Färber (1858)
81 nach A. Witzschel (1866/78), II, Nr. 125
82 UB Jena, II, Nr. 589
83 E. Devrient: Thüringische Geschichte (Berlin–Leipzig 1921)
84 E. Devrient: Thüringische Geschichte (Berlin–Leipzig 1921); Tourist-Stadtführer Jena, 2. Aufl. (Berlin–Leipzig 1981), 23
85 nach R. Zwetz (1909–20)
86 O. Mühlmann (1977)
87 nach A. Witzschel (1866/78), II, Nr. 123

88 nach R. Zwetz (1909–20)
89 M. Platen (1985)
90 C. Schreiber; A. Färber (1858)
91 nach A. Witzschel (1866/78), I, Nr. 240; P. Quensel (1926); L. Ehrhardt; G. Fischer (1975)
92 M. Schmeizel (1908), 120
93 nach C. Schreiber; A. Färber (1858); vgl. T. Buddeus (1840); O. Mühlmann (1977); Bezeichnung „Kaulichte" auch als ausgebauchtes Gewölbe zu erklären (H. Rosenkranz (1989), frdl. Mitteilung)
94 nach C. Schreiber; A. Färber (1858); M. Schmeizel (1908); vgl. M. Platen (1985); Altes und Neues aus der Heimat (1924), Nr. 12, z. T. differierende Zahlenangaben in den Quellen
95 nach R. Zwetz (1891); M. Schmeizel (1908); A. Beier (1673), 318, 348
96 nach T. Buddeus (1840); A. Witzschel (1866/78), I, Nr. 239, C. Schreiber; A. Färber (1858)
97 M. Platen (1985)
98 nach C. Schreiber; A. Färber (1858); vgl. zum Rathaus: D. Grumbt
99 nach C. Schreiber; A. Färber (1858)
100 nach R. Zwetz (1891)
101 UB Jena, II, Nr. 542, 665; V. Lommer: in: Altes und Neues aus der Heimat (1909–20), 68; vgl. M. Platen (1985)
102 Altes und Neues aus der Heimat (1927–30), 157
103 UB Jena, II, Nr. 606; F. Möbius, S. 66ff
104 UB Jena, II, Nr. 764, 766, 1167; M. Platen (1985)
105 UB Jena, II, S. XX
106 Architekturführer DDR. Bezirk Gera (Berlin 1981), 118
107 nach H. Doering: in: Thüringen und der Harz, Bd. 7 (Sondershausen 1842), 143
108 J. Grimm; W. Grimm: Deutsches Wörterbuch, Bd. 8 (Leipzig 1893)
109 J. Grimm; W. Grimm: Deutsches Wörterbuch, Bd. 8 (Leipzig 1893); zur Person eines Müllers Hans Kranach siehe UB Jena, II, Nr. 747, 749, 762, 773 zu den Jahren 1485/86
110 J. Grimm; W. Grimm: Deutsches Wörterbuch, Bd. 8 (Leipzig 1893)
111 nach Altes und Neues aus der Heimat (1927–30), 103
112 nach Altes und Neues aus der Heimat (1909–20), 88
113 A. Neubert (1988), mündliche Mitteilung
114 nach L. Ehrhardt; G. Fischer (1975); vgl. M. Schmeizel (1908); C. Schreiber; A. Färber (1858)
115 nach H. Henschel: Kultur und Heimat 2 (Mai 1959), 72
116 nach Blätter von der Saale 125 (1858), (L.)
117 M. Platen (1985)
118 nach C. Schreiber; A. Färber (1858); H. Apel: in: Altes und Neues aus der Heimat (1927–30), 97; W. Kopitzsch (1983)
119 nach K.-H. Merten (1976)

[120] nach Altes und Neues aus der Heimat (1909–20), 135
[121] nach P. Quensel (1926); C. Schreiber; A. Färber (1858)
[122] nach T. Buddeus (1840); Altes und Neues aus der Heimat (1909–20), 112; vgl. P. Quensel (1926)
[123] nach A. Witzschel (1866/78), II, Nr. 124
[124] nach G. v. Eucken-Addenhausen: Altes und Neues aus der Heimat (1931–33), 30
[125] nach C. Schreiber; A. Färber (1858); M. Schmeizel (1908); vgl. T. Buddeus (1840)
[126] nach P. Quensel (1926)
[127] J. Grimm; W. Grimm: Deutsches Wörterbuch, Bd. 7 (Leipzig 1889)
[128] nach K.-H. Merten (1976)
[129] nach Altes und Neues aus der Heimat (1909–20), 123

Wichtige Literatur

Altes und Neues aus der Heimat: Beilage zum „Jenaer Volksblatt", 1. und 2. Folge (1909–20), (1921–26), (1927–30), (1931–33)

Bechert, G.: Wie die Saale zu ihrem Namen kam (Jena 1967)

Beier, A.: Geographus Jenensis (Jena 1673)

Blätter von der Saale, Nr. 125 (1858)

Brüger, K.; Götze, O.: Thüringer Sagen (Leipzig, o. J.)

Buddeus, T.: in: Thüringen und der Harz, Bd. 3 (Sondershausen 1840), hrsg. L. Bechstein

Deubler, H.: Waldlandsagen (Rudolstadt 1978)

Döring, H.: in: Thüringen und der Harz, Bd. 5 (Sondershausen 1841) und Bd. 7 (Sondershausen 1842), hrsg. L. Bechstein

Ehrhardt, L.; Fischer, G.: Das Ledermännchen (Jena 1975), Schriftenreihe des Stadtmuseums Jena Nr. 17

Grumbt, D.: Das Jenaer Rathaus (Jena. o. J.), Schriftenreihe des Stadtmuseums Jena Nr. 14

Kasch, K.: Die Teufelslöcher bei Jena (Jena 1986)

Kultur und Heimat, Jenaer Monatsschrift (1959, 1960)

Kopitzsch, W.: Martin Luther und Jena (Jena 1983)

Lommer, V.: in: Der Hausberg und die Fuchsturmgesellschaft (Jena 1911), 25

Merten, K.-H.: Jenaer Schnurren aus alten Tagen, in: Jenaer Almanach (Jena 1976), 19

Möbius, F.: Die Stadtkirche St. Michael zu Jena (Jena, o. J.), Schriftenreihe des Stadtmuseums Jena Nr. 12

Mühlmann, G.: Seltene Funde und Forschungen eines Denkmalpflegers (Nürnberg 1977)

Piltz, E.: Führer durch Jena und Umgegend (Jena 1908)

Platen, M.: Die Stadt Jena im Mittelalter (Jena 1985)

Platen, M.; Bauer, J.: Die mittelalterliche Stadtbefestigung Jenas und die Ergebnisse neuerer Untersuchungen, Wiss. Zeitschrift Univ. Jena, Gesellschaftswiss. Reihe 34, 5/6 (1985), 583ff.

Platen, M.; Schaefer, R.: Burgen um Jena (Jena 1978)

Quensel, P.: Thüringer Sagen (Jena 1926) in: Deutscher Sagenschatz; hrsg. P. Zaunert

Reinecke: in: Thüringen und der Harz, Bd. 8 (Sondershausen 1844), hrsg. L. Bechstein

Schmeizel, M.: Jenaische Stadt- und Universitätschronik (Jena 1908), hrsg. E. Devrient

Schneider, E.: Sagen der Lausitz (Bautzen 1964)

Schreiber, C.; Färber, A.: Jena von seinem Ursprung bis zur neuesten Zeit (Jena 1858)

Traeger, I.: Jena von 1500 bis 1770; in der Reihe: Stadtgeschichte im Museum (Jena 1988),

Urkundenbuch der Stadt Jena (Jena 1903), hrsg. J. E. A. Martin, E. Devrient, 2. Bd. (UB Jena II)

Vetz, G.: Die Zerstörung der Schlösser des Hausberges (Jena 1925)

Wenig, E. K.: Es sagt aus alten Tagen (Rudolstadt 1967)

Witzschel, A.: Sagen aus Thüringen (Wien 1866/1878)

Woeller, W.: Sage, in: Deutsche Volksdichtung (Leipzig 1987); Autorenkollektiv, Ltg. H. Strobach

Woeller, W.: Volkssagen zwischen Hiddensee und Wartburg (Berlin 1980)

Zwetz, R.: Sagen und geschichtliche Erzählungen aus dem mittleren Saaletal (Jena 1891)

Zwetz, R.: Jenaer Ortssagen, in: Altes und Neues aus der Heimat (1909–20), 189

Inhalt